Michèle · Minpot

Françoise Otwaschkau

Mac Addict

Mac OS X Leopard

FIRST
Interactive

Mac OS X Leopard

© Éditions First, Paris, 2008
60, rue Mazarine
75006 Paris – France
Tél. 01 45 49 60 00
Fax 01 45 49 60 01
E-mail : firstinfo@efirst.com
Internet : www.efirst.com

ISBN : 9-782-7540-0945-4
Dépôt légal : 3e trimestre 2008
Imprimé en France

Collection dirigée par Jean-Pierre CANO

Mise en page : MADmac

Crédit images de couverture : Apple

Table des matières

Sixième partie : des mails à tout berzingue

Septième partie : en avant la musique !

Huitième partie : quand il n'y en a plus, il y en a encore

Introduction

Puma, Jaguar, Panther, Tiger, Leopard, que des félins ! Il n'y a plus qu'à espérer que vous vous sentiez une âme de dompteur.
Cet ouvrage se propose de vous apprendre, non pas à dompter la bête, mais à l'apprivoiser, tout en douceur et en souplesse.
L'aventure vous tente ?
Emboîtez-nous le pas.

On s'informe

Baptisé Leopard, le système d'exploitation du Mac version 10.5 est la cinquième mouture du système X, développé et diffusé par Apple depuis 2001.

Leopard contrôle tout. C'est lui notamment qui assure l'interface utilisateur, pilote les programmes, gère les périphériques (imprimante, scanneur, appareil photo numérique, etc.). Supprimez-le et voici votre Mac réduit à un tas de ferraille inutilisable.

Vous l'aurez compris : pour profiter pleinement de votre ordinateur, il vous faut impérativement faire copain-copain avec Leopard. Quelques notions de base (que nous vous fournissons dans cet ouvrage) et un soupçon de patience et de persévérance (qualités dont vous ne manquez sans doute pas) suffiront – nous n'en doutons pas – à faire de cet apprentissage un réel succès.

On s'organise

Pour les besoins de l'exposé, nous avons divisé cet ouvrage en huit parties, à lire successivement ou à aborder dans le désordre, selon vos compétences et vos envies :

Première partie : Démarrer mollo

Embarquer dans Mac OS X peut être intimidant. Cette première partie se propose de dédramatiser l'expérience en vous présentant tour à tour et de manière relativement succincte les différents composants de l'interface. Elle détaille aussi l'appel à l'aide avant de vous expliquer comment mettre un terme à une séance de travail.

Deuxième partie : S'enhardir

Une fois le contact établi, nous vous proposons de vous exposer ce qu'il importe de savoir en matière d'icônes, de programmes, de fichiers et de dossiers.

Troisième partie : On se met à l'aise

Tous les macintoshiens adorent personnaliser leur environnement de travail. Vous ne faites pas exception à la règle ? On s'y attendait ! Vous découvrirez dans cette troisième partie comment mieux adapter votre environnement de travail à vos habitudes personnelles.

Quatrième partie : Immersion totale

Ce quatrième volet s'adresse à ceux que les parties précédentes auront laissés sur leur faim. Il ambitionne de présenter plus en détail les principaux éléments qui vous assureront une bonne prise en main de Mac OS X, comme l'exploitation des widgets avec Dashboard, la gestion des fenêtres ouvertes avec Exposé ou encore la recherche avec Spotlight.

- **Cinquième partie : Arpenter le Web**

  Vous êtes un surfeur impénitent et trépignez d'impatience à l'idée de naviguer sur Internet toutes voiles dehors ? Cette troisième partie est pour vous puisqu'elle vous initie aux joies du Safari.

- **Sixième partie : Des mails à tout berzingue**

  Voici bien une des activités incontournables du XXIe siècle : la messagerie électronique. On ne peut vraiment plus s'en passer ! Apprenez à maîtriser Mail, les courriers entrants, les courriers sortants, les pièces jointes…

- **Septième partie : En avant la musique !**

  iTunes, vous connaissez ? Découvrez-en dans cette septième partie l'extraordinaire potentiel.

- **Huitième partie : Quand il n'y en a plus, il y en a encore…**

  Safari, Mail et iTunes ne sont pas les seuls applicatifs livrés avec Mac OS 10. Cette huitième et dernière partie fait la part belle à quelques autres applications livrées avec le système, Aide-mémoire, iCal, Lecteur DVD ou encore TextEdit.

On se repère

Avant de vous lancer, apprenez à identifier les icônes en marge :

ASTUCE — Astuce : Gain de temps assuré.

ATTENTION — Attention : La prudence est de mise !

BON À SAVOIR — Bon à savoir : Aspect intéressant, à n'en pas douter.

On récapitule

Assurez-vous avant d'aller plus loin de maîtriser les actions souris et clavier.

La souris

- **Pointer :** Déplacer la souris jusqu'à positionner le pointeur sur l'élément (icône, menu, commande…).
- **Cliquer :** Pointer, puis enfoncer le bouton de la souris. Le clic sert à désigner et à sélectionner.
- **Double-cliquer :** Pointer, puis enfoncer le bouton de la souris deux fois consécutivement. Le double-clic sert plutôt à ouvrir (une fenêtre, un programme, un document…) ou à sélectionner (un mot, un paragraphe…).
- **Cliquer-glisser :** Pointer, enfoncer le bouton gauche de la souris et le maintenir enfoncé, puis faire glisser ; relâcher ensuite le bouton. Le cliquer-glisser sert à déplacer des éléments ou à sélectionner.
- **Ctrl + cliquer :** Il s'agit tout simplement d'associer au clic l'action de la touche Ctrl : enfoncez cette touche, cliquez, puis relâchez la touche et le bouton de la souris.

Plusieurs modèles de Mac sont désormais livrés avec une *souris à deux boutons* et une *bille de défilement*. Le bouton gauche est le bouton classique ; le droit est réservé à l'affichage de menus contextuels, des menus particuliers dont le contenu est fonction de la tâche en cours, du contexte autrement dit. (Sur les souris à un bouton, c'est la combinaison Ctrl + clic qui déroule ces menus spéciaux.)

Les portables ne possèdent pas de souris, mais un *pavé tactile* (*trackpad* en anglais). Rien, toutefois, ne vous empêche de leur connecter, via le port USB ou Bluetooth, une souris externe, si vous trouvez ça plus pratique.

Le clavier

Les modèles standard comptent 105 touches, réparties en 4 zones principales :

- **Les touches alphanumériques :** Identiques à celles des machines à écrire, elles comprennent les lettres, les nombres et les signes de ponctuation.
- **Les touches de fonction :** Occupant généralement la rangée du haut, elles sont chargées, seules ou en combinaison, de mener à bien toutes sortes de tâches.
- **Le pavé directionnel :** Réunissant les touches dites de déplacement du curseur, ce pavé est divisé en deux groupes : les 4 du bas déplacent le pointeur dans le sens de la flèche ; les 4 du haut vous amènent au début ou à la fin (touches obliques), ou bien une page plus haut ou une page plus bas (touches verticales barrées).
- **Le pavé numérique :** Semblable à une calculette, il trône dans la partie droite du clavier. Selon que son mode Verrouillage numérique est actif ou non, il permet de saisir des chiffres ou, au contraire, d'assumer, à l'instar du pavé directionnel, le déplacement du pointeur.

À ces quatre zones majeures vient s'ajouter une série de touches dites *modificatrices* :

- **Maj (Majuscule) :** Elle met les lettres en capitales, permet d'utiliser les chiffres du clavier alphanumérique, et assure l'accès à certains signes de ponctuation et caractères spéciaux.
- **Commande (identifiée par une pomme et un trèfle) et Ctrl (Contrôle) :** Dites *mortes* parce que ne produisant aucun effet si vous les utilisez seules, ces touches ne s'emploient qu'en combinaison avec d'autres pour exécuter des commandes.
- **Option :** Il en va de la touche Option comme des touches ⌘ et Ctrl : elle ne s'utilise que conjointement avec d'autres touches du clavier pour donner des ordres.

On dénombre encore deux touches dites de *verrouillage* :

- **Verr. Maj. (Verrouillage Majuscules) :** Sa fonction est de bloquer la partie alphanumérique du clavier en position Majuscule. Pratique quand vous avez plusieurs capitales ou chiffres à taper à la suite ! Sur la plupart des claviers, le verrouillage majuscules est signalé par un voyant lumineux.

ASTUCE

Quand les majuscules sont verrouillées, la touche Maj produit… des minuscules !

- **Verr. Num. (Verrouillage Numérique) :** C'est elle qui permute les fonctions chiffres et déplacement du pavé numérique.

Restent cinq touches que vous emploierez constamment :

- **Entrée :** C'est la touche de validation par excellence. Dans les boîtes de dialogue, elle équivaut au bouton OK. Dans les traitements de texte, elle provoque la création d'un nouveau paragraphe. Dans les tableurs, elle valide la saisie des données dans les cellules, etc.
- **Retour :** Elle équivaut à Entrée.
- **Tab (Tabulation) :** Dans les boîtes de dialogue, elle déplace le pointeur de zone en zone. Dans un traitement de texte, elle lui fait gagner le taquet de tabulation suivant. Dans un tableur, elle l'amène à la cellule de droite. Dans tous les cas, elle est associée à un déplacement vers la droite, tandis qu'en combinaison avec la touche Majuscule, elle agit dans l'autre sens.
- **Retour arrière :** Elle permet d'effacer à reculons (contrairement à Suppr., qui efface en avançant).
- **Esc (Échappement) :** Associée au bouton Annuler, elle permet de faire marche arrière ou de mettre fin à une action.

Première partie

démarrer mollo

Chapitre 1
Atterrir sur le Bureau

Commençons par le commencement. Inutile de mettre la charrue avant les bœufs.

Nous partons du principe que Mac OS X est installé sur votre ordinateur, que vous en êtes le seul utilisateur référencé, et que vous êtes capable, si vous avez configuré Leopard de la sorte, de vous identifier et d'entrer votre mot de passe pour entamer une séance de travail.

Aussitôt après le démarrage, vous échouez immanquablement à un endroit appelé **Bureau** où règne en maître le programme de base de Mac OS X, le **Finder**.

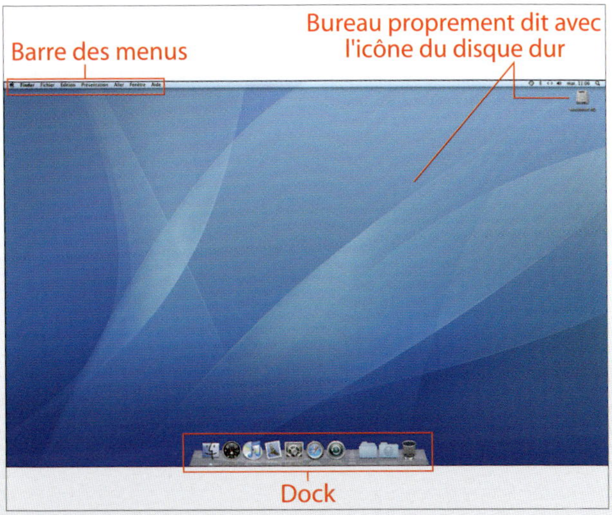

Mis automatiquement en route à chaque démarrage, le Finder est le passage obligé pour toutes les opérations que vous réaliserez sur votre ordinateur. Il vous donne accès à votre disque dur et vous permet de manipuler vos fichiers.

Les trois composants du Bureau sont :

- En haut, la **barre des menus**.
- En bas, le **Dock**.

- Partout ailleurs, le **Bureau** lui-même, avec, en haut à droite, l'**icône du disque dur**, dans notre exemple baptisé « Macintosh HD ».

Si votre Mac comporte plusieurs disques durs ou si vous lui avez connecté différents périphériques, leurs icônes s'affichent également à cet endroit.

La barre des menus

Toujours présente, cette barre se divise en deux parties :

- À gauche, les **menus du Finder**.

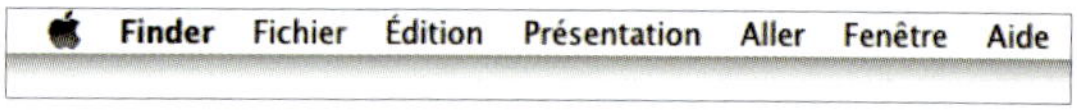

Les *menus* sont des listes de commandes que vous déroulez en cliquant sur leur intitulé, puis sur la commande à activer.

Si vous changez d'avis alors que vous êtes en train de sélectionner une commande, il vous suffit d'éloigner la souris du menu en question : il se referme sans autre forme de procès.

Il arrive souvent que des commandes soient grisées. C'est tout simplement que, pour une raison ou pour une autre, elles ne sont pas accessibles dans le contexte actuel.

Toujours présentés dans le même ordre, les menus du Finder disparaissent quand vous lancez un programme pour laisser place aux menus propres dudit programme. Seule exception : le menu Pomme, toujours accessible.

- À droite, une série d'**icônes** qui, elles, ne varient pas selon le programme en cours.

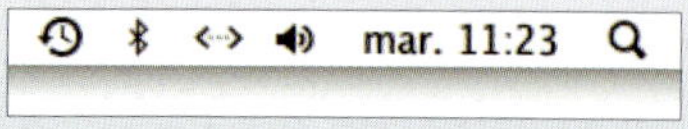

Les trois icônes de base sont : le réglage du son, l'horloge et le menu Spotlight (Chapitre 14). D'autres s'ajoutent selon les matériels installés et les personnalisations effectuées par l'utilisateur, vous en l'occurrence.

Pour aller plus vite : les raccourcis clavier

Des caractères bizarres s'affichent à droite de certaines commandes. Ce sont les *équivalents* ou *raccourcis clavier*. En d'autres termes, ces commandes sont dédoublées, c'est-à-dire que vous pouvez les activer par souris (comme nous venons de le voir) ou par clavier.

Dans ce cas, vous ne déroulez aucun menu ; vous vous contentez d'enfoncer les touches qui constituent l'équivalent clavier de la commande à valider. Si ces touches sont mentionnées dans les menus, c'est juste pour vous rafraîchir la mémoire.

Inutile de vous précipiter sur votre clavier pour enfoncer en même temps les différentes touches d'une combinaison. Prenez votre temps : enfoncez les touches les unes après les autres en les maintenant enfoncées. Le principe est qu'à un moment donné toutes les touches qui constituent l'équivalent soient enfoncées en même temps. Relâchez-les dès que la commande s'exécute.

Le Dock

Logé a priori dans le bas de l'écran, le Dock est avant tout un outil de lancement.

- À gauche, des **icônes de programmes**. Il suffit de cliquer sur ces icônes pour lancer les programmes correspondants.
- À droite, deux **piles**, Documents et Téléchargements (voir « Ouvrir » dans le Chapitre 7), ainsi que l'icône de la **Corbeille** (que nous commenterons également en temps voulu).

BON À SAVOIR

Pointez sur les icônes que vous ne connaissez pas : une info-bulle s'affiche aussitôt, qui en indique le nom.

L'icône du disque dur

C'est l'endroit où sont stockés tous les éléments du système et aussi toutes vos petites affaires (les programmes que vous avez installés, les dossiers que vous avez créés, les documents que vous avez enregistrés…).

Vous verrez que vous pouvez entreposer des tas de choses sur le Bureau lui-même, mais en règle générale vous vous astreindrez à ranger votre fourbi dans le dossier Documents, spécialement prévu à cet effet. Nous reviendrons bien sûr sur la question.

Lancez-vous : cliquez deux fois sur l'icône de votre disque dur pour l'ouvrir en fenêtre.

Le principe de base : l'arborescence

Mac OS X propose une structure arborescente pour organiser votre environnement de travail ainsi que le contenu de votre disque dur.

Nous en exposons ci-dessous le principe général :

- **Niveau 1 :** Le niveau 1 (niveau supérieur ou *racine*) est appelé *Ordinateur* et représente votre poste de travail.

  Pour ouvrir sa fenêtre, choisissez le nom de votre ordinateur dans la barre latérale.

  Dans la fenêtre correspondante, vous trouvez au minimum l'icône de votre disque dur interne et une icône de réseau.

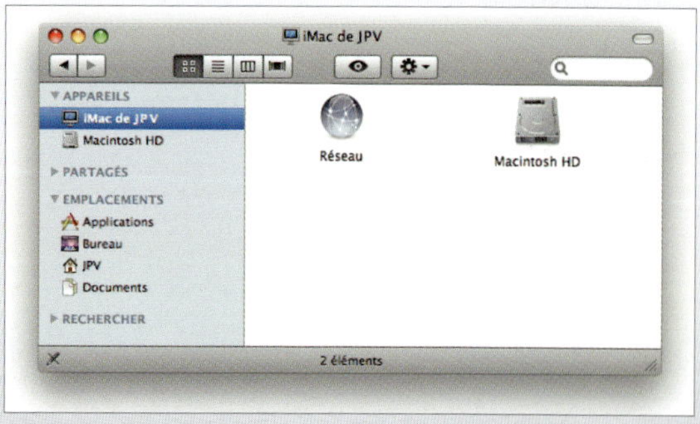

- **Niveau 2 :** Le niveau 2 est celui de votre disque dur interne.

  Pour ouvrir sa fenêtre, cliquez deux fois sur l'icône Macintosh HD du Bureau, ou choisissez Macintosh HD dans la barre latérale, ou encore cliquez deux fois sur l'icône Macintosh HD depuis la fenêtre Ordinateur.

  Dans la fenêtre correspondante, vous trouvez quatre dossiers :

  - **Applications :** Regroupe les programmes Mac OS X.
  - **Bibliothèque** et **Système :** Réunissent tous les éléments dont Mac OS X a besoin pour tourner.
  - **Utilisateurs :** Renferme autant de dossiers personnels – appelés *dossiers Départ* – que le Mac compte d'utilisateurs référencés ; comporte en outre un dossier partagé.

BON À SAVOIR

En effet, le Mac est par essence *multi-utilisateur*. Tout est donc prévu pour que plusieurs personnes puissent employer la machine sans interférer les unes avec les autres.

- **Niveau 3 :** Le niveau 3 est précisément ce dossier Utilisateurs qui regroupe tous les dossiers Départ, identifiés par une icône en forme de petite maison.

  Pour ouvrir sa fenêtre, cliquez deux fois sur l'icône Utilisateurs depuis la fenêtre Macintosh HD.

  Dans notre exemple, un seul utilisateur a été créé ; il se nomme JPV.

- **Niveau 4 :** Le niveau 4 est le dossier Départ d'un utilisateur.

  Pour ouvrir sa fenêtre, choisissez le dossier Départ *nom de l'utilisateur* dans la barre latérale, ou encore cliquez deux fois sur l'icône du dossier Départ *nom de l'utilisateur* depuis la fenêtre Utilisateurs.

  Ce dossier est préconfiguré. Entendez par là qu'il comporte différents *dossiers prédéfinis*) et que les applications sont programmées pour y archiver leurs fichiers.

  En tête de liste, le dossier Documents. C'est de loin le plus sollicité : la plupart des programmes vous proposent spontanément d'y enregistrer vos fichiers. Suivez leurs conseils. Regrouper toutes vos petites affaires dans ce dossier est une excellente habitude à prendre.

  Il y en a d'autres : les programmes graphiques rangent automatiquement leurs documents dans le dossier Images. Les programmes audio préfèrent le dossier Musique, et les programmes vidéo le dossier Séquences. Quant à Téléchargements, il accueille spontanément tout ce que vous téléchargez via Safari. Lui aussi est repris dans le Dock, à droite du dossier Documents.

Rien toutefois ne vous empêche d'ajouter, de préférence au sein de ce dossier Documents, des dossiers personnels qui vous permettront d'organiser votre rangement comme bon vous semble. (Consultez le Chapitre 8 pour savoir comment vous y prendre.)

Chapitre 2
Regardez par la fenêtre !

Que d'éléments dans chaque fenêtre ! Apprenez à les identifier.

Observer

Passons en revue les éléments classiques d'une fenêtre Finder :

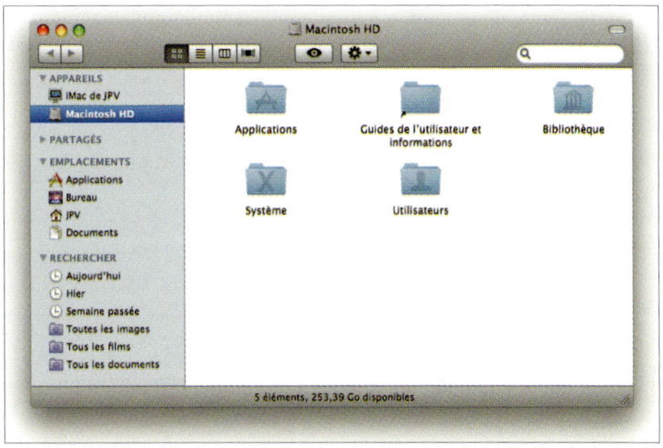

- Toutes les fenêtres comportent un espace principal destiné à afficher le contenu du disque ou du dossier visité. Nous appellerons cet espace **volet de visualisation**.
- Occupant la partie gauche de la fenêtre, le volet de navigation, mieux connu sous le nom de **barre latérale**, vous assure principalement un accès direct à différents endroits de stockage :
  - **Appareils** regroupe tous les supports physiques connectés au Mac : son ou ses disques durs, une clé USB, un iPod, un appareil photo numérique…
  - **Partagés** répertorie les autres Mac du réseau si réseau il y a.
  - **Emplacements** recense tous les dossiers prédéfinis de Mac OS X (Chapitre.
  - **Rechercher** propose plusieurs raccourcis pour vous aider à retrouver des fichiers.

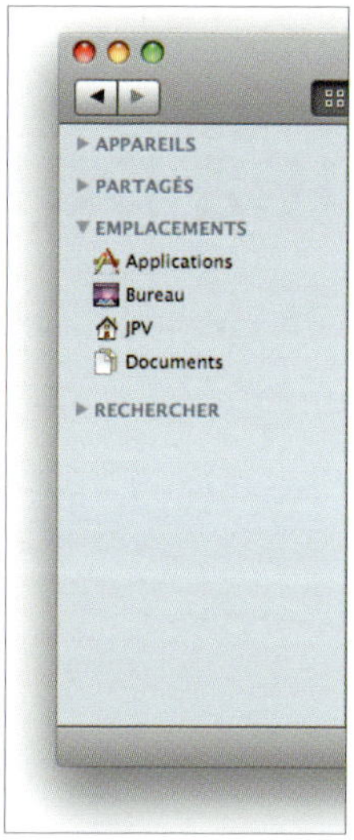

BON À SAVOIR Sachez que la largeur de la barre latérale est réglable : positionnez votre pointeur sur son bord droit, puis cliquez-glissez vers la gauche (pour rétrécir) ou vers la droite (pour élargir).

Développez les rubriques qui vous intéressent et masquez les autres en cliquant sur les petits triangles correspondants.

- Tout en haut, la **barre de titre**. Elle compte trois séries d'éléments :
  - À gauche, **trois boutons colorés** (un rouge, un jaune et un vert) ; pour en savoir plus à leur sujet, lisez la section suivante, « Manipuler ».
  - Au centre, l'**icône et le nom du dossier** visité.
  - Enfin, à droite, un **bouton** qui permet d'afficher ou de masquer la barre d'outils.

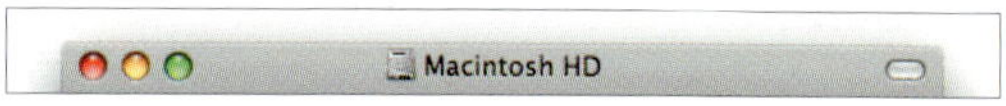

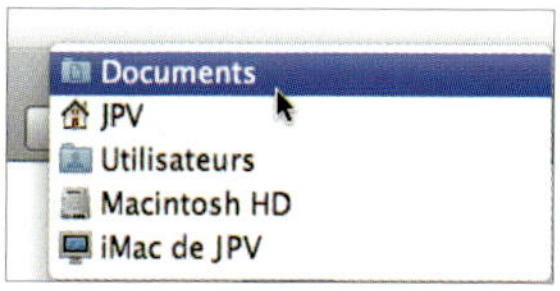

ASTUCE Mais la barre de titre a plus d'un tour dans son sac : enfoncez la touche ⌘ et cliquez sur cette barre : elle affiche le chemin parcouru pour parvenir jusqu'au dossier visité. Sélectionnez un de ces endroits pour y retourner directement.

- Juste en dessous, la **barre d'outils**.

  - À gauche, les **boutons Précédent** et **Suivant** : le premier permet de revenir au dossier visité juste avant ; le second de revisiter celui qu'on visitait juste avant de revenir au précédent (ouf !).

  - Plus à droite, les **boutons de présentation** contrôlent la présentation des fenêtres (voir la section « Choisir une présentation », plus loin dans ce chapitre).

  - Le bouton **Coup d'œil** permet de voir le contenu d'un fichier sans l'ouvrir.

- Le bouton **Action** assure un accès direct à quelques fonctions du Finder, comme la création de nouveaux dossiers ou l'ouverture de documents.

- Enfin, en bout de piste, la **zone Rechercher** permet de faire appel à Spotlight pour mener une recherche sur le contenu du dossier visité (Chapitre 14).

- À droite et en bas, les **barres de défilement** ne s'affichent que quand tout le contenu de la fenêtre n'est pas visible. Leur but est, bien entendu, de faire défiler ce contenu.

- La **barre du chemin d'accès** n'est affichée que si la commande Afficher la barre du chemin d'accès du menu Présentation est validée.

  Son but est double :

  - **Outil d'information :** Elle vous permet de visualiser le chemin parcouru dans l'arborescence du disque dur jusqu'à l'élément sélectionné.
  - **Outil de navigation :** Ctrl + cliquez sur une des infos de la liste et choisissez Ouvrir pour gagner directement l'endroit concerné.

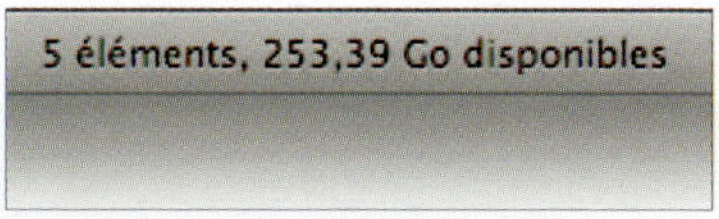

- Enfin, tout en bas, la **barre d'état** vous indique le nombre d'éléments que compte la fenêtre ouverte (ainsi que le nombre d'éléments sélectionnés s'il y en a) ; elle indique en outre l'espace disponible sur le disque.

Manipuler

Une foule d'opérations peuvent être menées au niveau des fenêtres.

- **Ouvrir :** Cliquez deux fois sur l'icône à ouvrir en fenêtre.

- **Activer :** Si plusieurs fenêtres sont ouvertes, seule celle située au premier plan est active. Vous reconnaissez aisément la fenêtre active à la coloration plus soutenue de sa barre de titre.

  Pour activer une autre fenêtre que celle qui l'est actuellement, il vous suffit de cliquer n'importe où à l'intérieur de cette fenêtre.

- **Masquer :** Cliquez sur le bouton jaune. La fenêtre, masquée, est transférée en tant qu'icône vers le Dock. (Commande de menu équivalente : Placer dans le Dock du menu Fenêtre ou le raccourci clavier ⌘ + M.)

  Pour réafficher une fenêtre masquée, il suffit de cliquer sur son icône du Dock.

- **Faire défiler :** Utilisez comme suit les barres de défilement :
  - Faites glisser l'élément central, appelé *curseur de défilement* ou plus couramment *ascenseur*, vers le haut ou vers le bas pour indiquer une position relative.
  - Cliquez au-dessus ou en dessous de l'ascenseur pour monter ou descendre par page.
  - Cliquez sur la flèche du haut ou du bas pour monter ou descendre par ligne.

- **Fermer :** Cliquez sur le bouton rouge. (Commande de menu équivalente : Fermer la fenêtre du menu Fichier ou le raccourci clavier ⌘ + W.)

- **Agrandir :** Cliquez-glissez vers le bas et/ou vers la droite sur la poignée de redimensionnement, qui occupe toujours l'angle inférieur droit des fenêtres.
- **Rétrécir :** Utilisez la même poignée mais, cette fois, cliquez-glissez vers le haut et/ou vers la gauche.

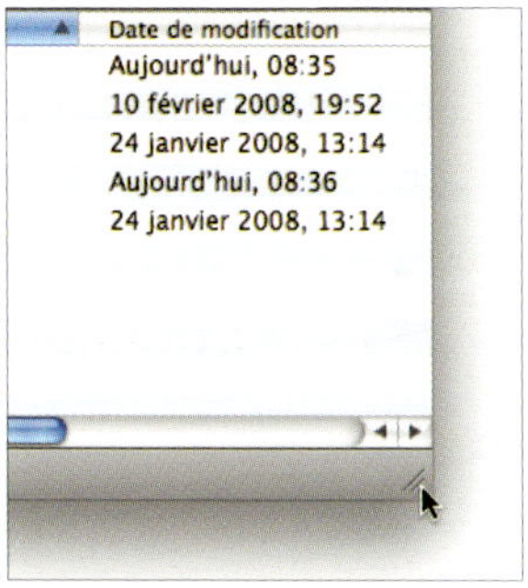

- **Zoomer :** Pour adapter la taille de la fenêtre à celle de son contenu, cliquez sur le bouton vert. Une nouvelle activation du même bouton rétablit la taille initiale. (Commande de menu équivalente : Réduire/agrandir du menu Fenêtre.)

- **Déplacer :** Cliquez-glissez sur la barre de titre.

Choisir une présentation

Le volet principal des fenêtres peut être présenté de différentes manières grâce aux boutons de présentation ou bien aux commandes correspondantes du menu Présentation et à leurs raccourcis clavier.

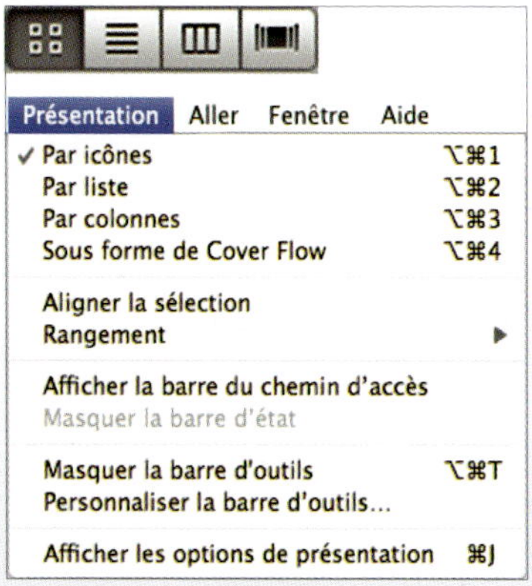

- **Par icônes :** Cliquez sur la première icône de présentation. Les éléments de la fenêtre sont présentés par icônes, facilement identifiables.

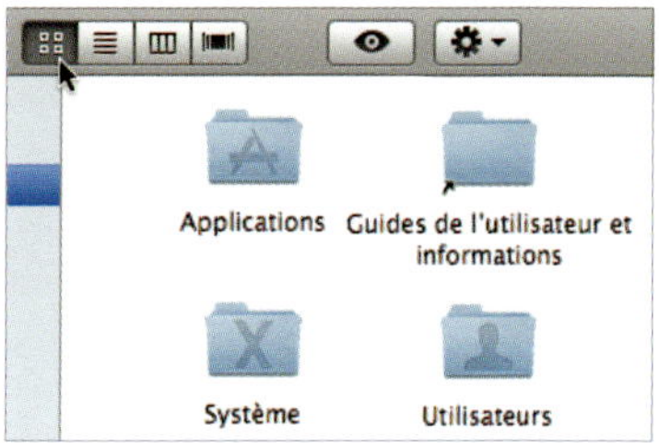

Les commandes Aligner, Aligner la sélection et Rangement du menu Présentation vous permettent de ranger impeccablement vos icônes.

- **Par liste :** Cliquez sur la deuxième icône de présentation. Les éléments de la fenêtre sont présentés sous forme de liste. Quatre colonnes d'infos vous sont alors proposées : le nom de l'élément, sa date de modification, sa taille et son type.

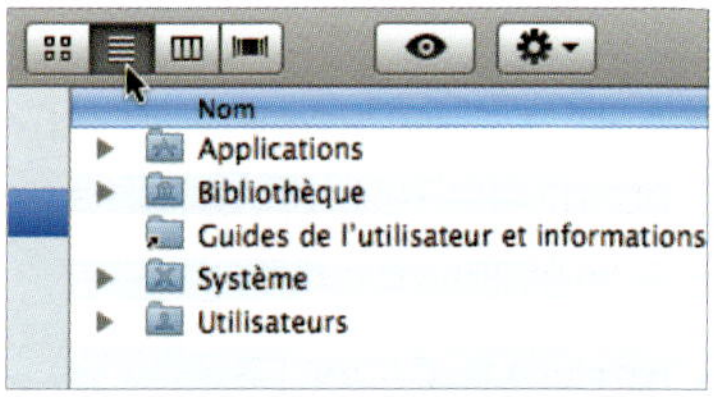

Les dossiers sont signalés par un triangle orienté vers la droite. Pour en dévoiler le contenu (c'est-à-dire pour ouvrir un dossier), il suffit de cliquer sur ce triangle. À l'inverse, un clic sur un triangle pointant vers le bas referme un dossier ouvert.

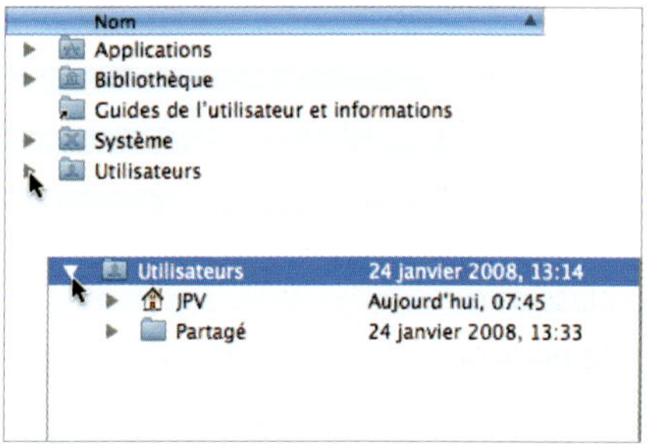

Pour augmenter la largeur d'une colonne (notamment pour visualiser un nom qui ne s'affiche pas en entier), cliquez sur son bord droit (le pointeur y prend la forme d'une double flèche) et faites glisser vers la droite. Cliquez-glissez dans l'autre sens pour rétrécir.

Par défaut, les éléments de la fenêtre sont présentés par ordre croissant sur le nom (en-tête bleuté et triangle orienté vers le haut).

Pour trier par ordre décroissant, cliquez sur le triangle.

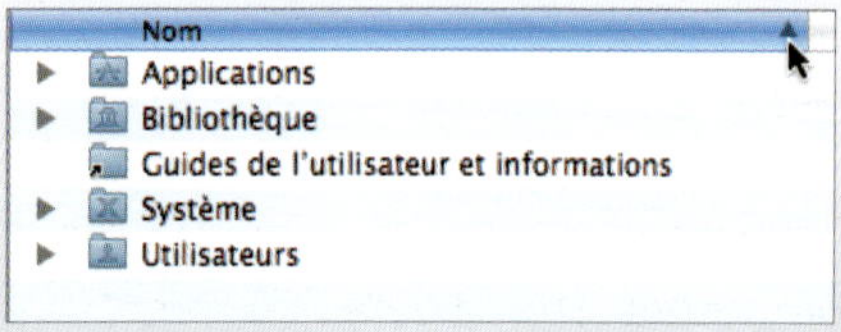

Pour trier selon un autre critère, cliquez sur un autre titre de colonne. Ainsi, pour trier selon le type, cliquez sur la mention Type.

- **Par colonnes :** Cliquez sur la troisième icône de présentation. Les éléments de la fenêtre sont présentés en colonne. Exemple : un dossier apparaît dans la colonne de gauche ; ses sous-dossiers éventuels dans une colonne plus à droite ; les fichiers de ces sous-dossiers dans une colonne encore plus à droite et, en fin de course, des infos complémentaires ou un aperçu de l'élément, selon le cas.

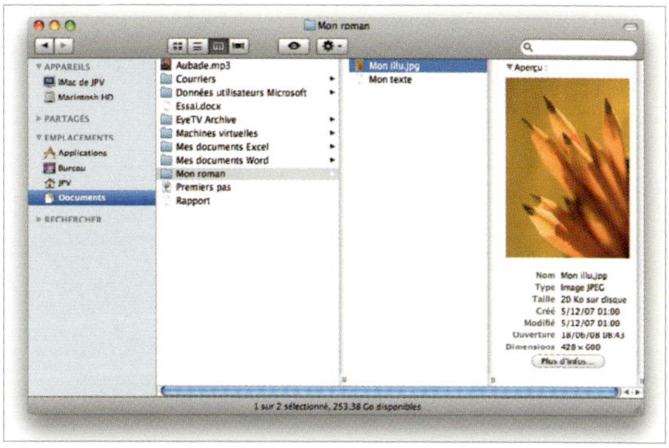

Réglez la largeur des colonnes en cliquant-glissant sur la double barre située dans leur partie inférieure.

- **Sous forme de Cover Flow :** Cliquez sur la quatrième icône de présentation pour basculer en Cover Flow ou *flux de couverture*. Le haut de la fenêtre affiche un aperçu de la première page de chaque élément du dossier sélectionné. La partie inférieure dresse, plus classiquement, la liste du contenu du dossier sélectionné.

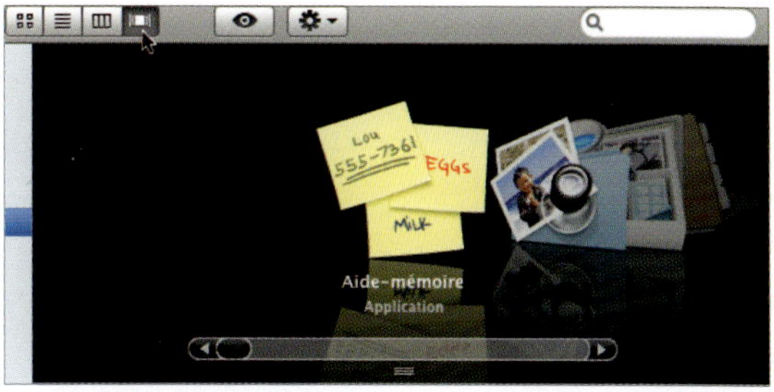

Cas particulier : les boîtes de dialogue

Dans votre travail au quotidien, vous serez à tout moment confronté dans vos programmes à des fenêtres un peu particulières appelées *boîtes de dialogue*. Ce sont des fenêtres que l'application vous adresse quand elle a besoin d'informations complémentaires pour exécuter la commande que vous avez sélectionnée.

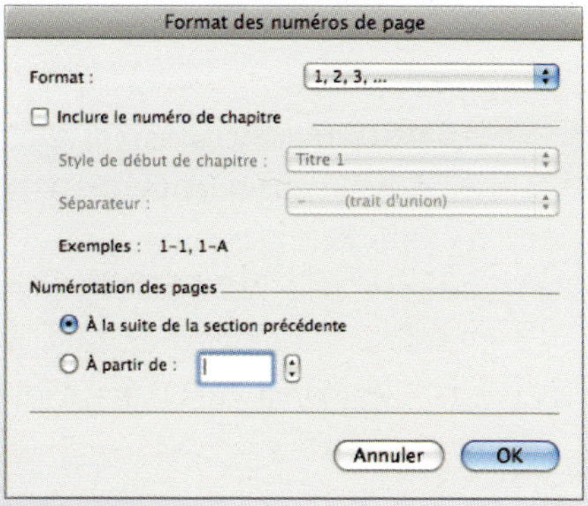

Souvent divisées en *sections* ou *rubriques*, ces boîtes proposent une kyrielle d'éléments que vous devez apprendre à identifier.

- **Onglets :** Il s'agit là de boutons qui donnent accès à différents *volets* de la boîte de dialogue.

  Pour activer un onglet, il suffit de cliquer sur son intitulé.

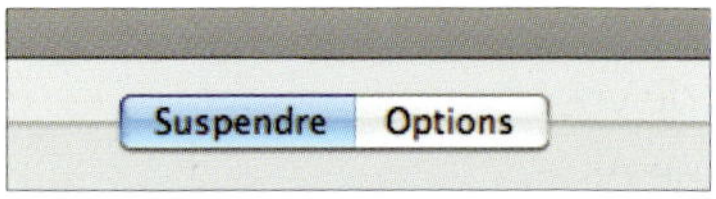

- **Listes :** Elles regroupent des options mutuellement exclusives.

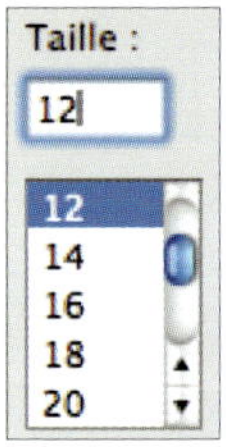

  Si la liste est longue, elle s'équipe d'une barre de défilement ou devient déroulante (les flèches ou le triangle positionné à droite la développent).

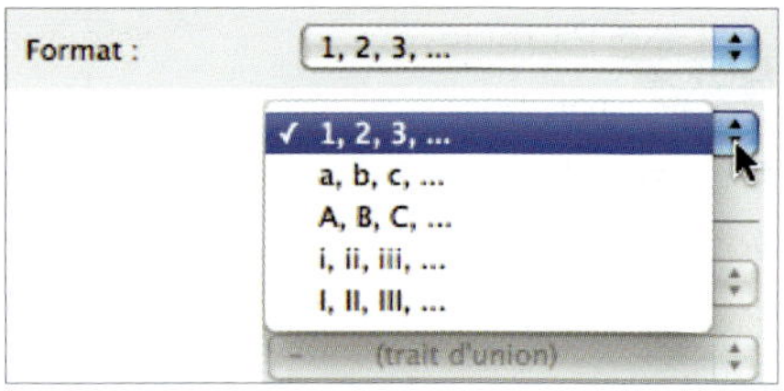

BON À SAVOIR Certaines listes sont, comme dans notre exemple, surmontées d'une case d'édition. Dans ces cas-là, l'option que vous choisissez dans la liste s'y affiche, à moins que vous ne préfériez l'y introduire vous-même.

- **Boutons radio :** Ici aussi les options proposées s'excluent mutuellement. C'est juste la présentation qui diffère. Cliquez sur le bouton ou sur son intitulé pour sélectionner l'option.

- **Cases à cocher :** Ici en revanche les options sont (en général) cumulables. Cliquez sur la case ou sur son intitulé pour sélectionner l'option. Recliquez pour la désélectionner.

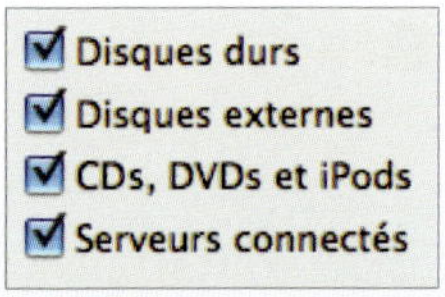

- **Cases d'édition :** Le programme attend une donnée. Cliquez dans le champ pour annoncer votre intention d'y introduire la donnée souhaitée, puis tapez-la. Vous pouvez aussi utiliser les flèches de défilement voisines pour augmenter ou réduire la valeur indiquée dans le champ.

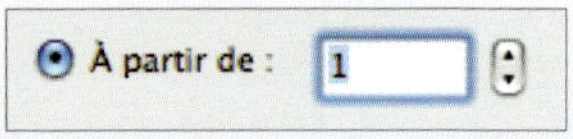

- **Curseurs :** Les curseurs permettent d'ajuster librement une valeur.

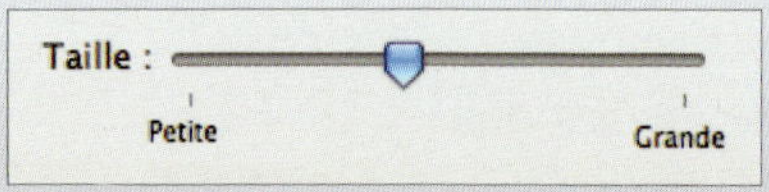

- **Zone Aperçu :** Vous voulez avoir une idée de l'impact de vos choix ? Consultez donc, quand elle existe, la zone Aperçu.

- **Boutons de commande :** Enfin, toutes les zones de dialogue comportent au moins un bouton que vous devrez impérativement activer avant de quitter les lieux.

  Il y a bien sûr les grands classiques, *OK* et *Annuler* pour ne pas les citer. Mais d'autres peuvent compléter le tableau, au gré des besoins du programme.

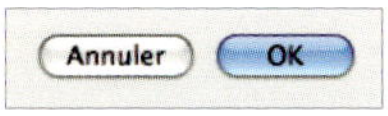

ASTUCE

Parmi les boutons d'une fenêtre, il s'en trouve toujours un bleuté (c'est souvent OK). Cela signifie que ce bouton est présélectionné et que vous pouvez, pour l'activer, vous contenter d'enfoncer la touche Entrée ou Retour de votre clavier. À noter pour terminer que le bouton Annuler est souvent couplé avec la touche Esc.

Chapitre 3
Dans la mouise ? Appelez à l'aide !

Ne restez pas en rade alors que Leopard est équipé d'une fonction d'assistance qui ne demande qu'à vous venir en aide.

Un petit coup de pouce

Pour en savoir un peu plus concernant un élément affiché à l'écran (une icône, un bouton, une option), faites appel, si elle est disponible, à l'**aide contextuelle**.

C'est simple : laissez stationner le pointeur de votre souris sur l'élément ; si une aide contextuelle y est associée, une info-bulle jaune s'affiche, vous proposant une explication succincte de l'élément en question.

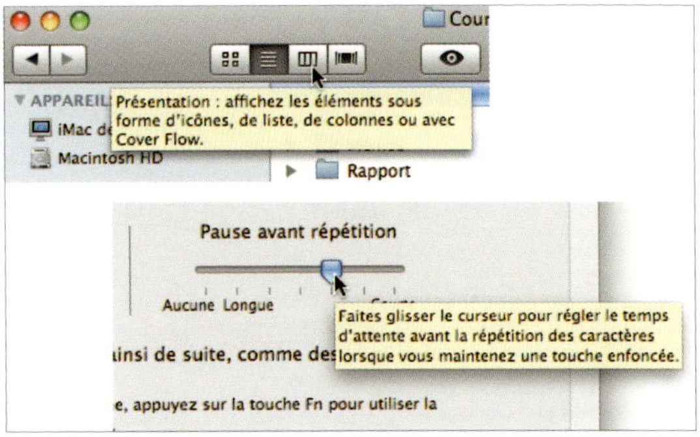

Un grand coup de main

Dans les autres cas de figure, recourez à l'**Aide Mac**, qui vous fournit des infos sur Mac OS X ou sur un programme spécifique.

La zone Recherche

La commande Recherche du menu Aide vous permet de saisir une recherche ; le résultat est éclaté en deux rubriques :

- **Éléments de menu** dresse la liste des commandes de menus correspondantes et vous montre où elles se trouvent.

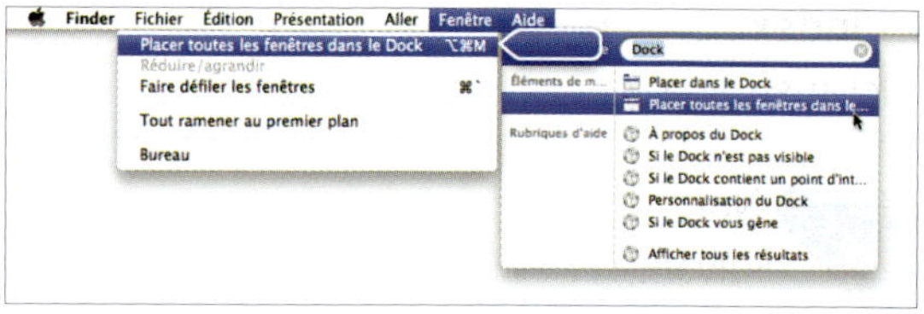

- **Rubriques d'aide** propose des liens vers le fichier d'aide. Sélectionnez-en un pour ouvrir le fichier d'aide à la rubrique concernée.

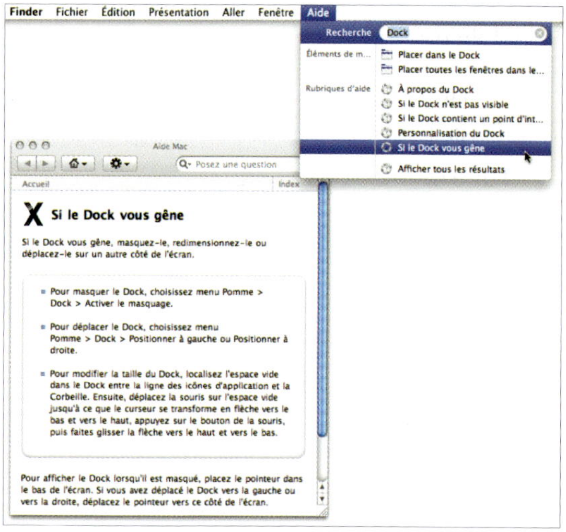

La commande Aide

La commande placée sous Recherche porte généralement le nom du programme en cours et vous garantit un accès à son fichier d'aide.

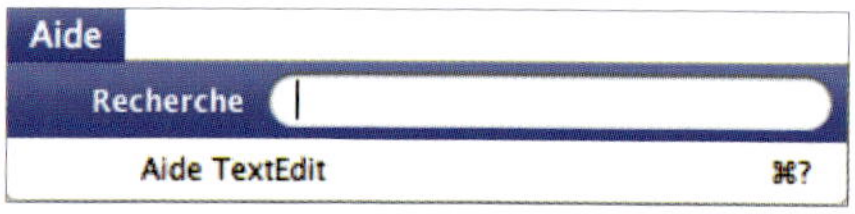

Dans un cas comme dans l'autre, utilisez les outils mis à votre disposition par l'Aide Mac :

- **Les liens :** Tous les éléments affichés en bleu sont des liens qui, par simple clic, vous transportent vers les sections correspondantes du fichier d'aide.
- **L'outil de recherche :** Tapez l'objet de votre recherche dans la zone Rechercher, puis validez via la touche Entrée. Choisissez une rubrique par double-clic.

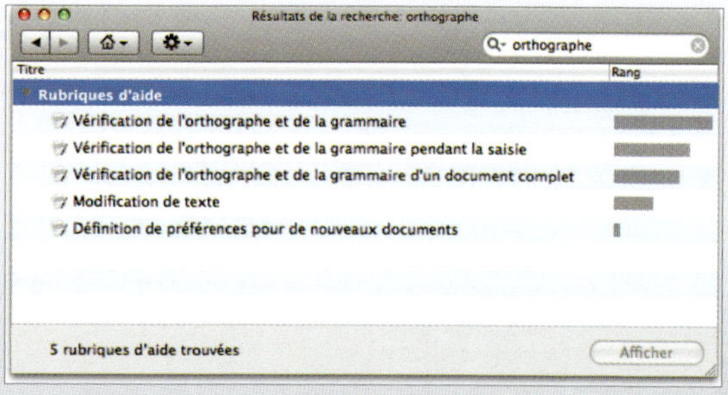

- **L'index :** Cliquez sur Index pour accéder à… l'index !. Ici aussi, voyagez par clic.

ASTUCE : Notez la présence des boutons Précédent et Suivant, bien pratiques pour naviguer. Pratique aussi le bouton Accueil (la petite maison) pour revenir au point de départ.

BON À SAVOIR : Utilisez le menu Action pour réduire ou agrandir la taille des caractères ou pour imprimer l'une ou l'autre rubrique.

L'aide en ligne

Si vous ne trouvez pas dans cette fonction d'aide les réponses à vos questions, tentez votre chance sur :

- le site Web d'Apple (`www.apple.com/support/`) ;
- le site Web de la société qui développe le logiciel qui vous donne du fil à retordre ;
- des sites de dépannage comme MacFixit (`www.macfixit.com`) ou MacInTouch (`www.macintouch.com`).

(La cinquième partie vous explique comment utiliser Safari pour surfer sur le Web.)

Chapitre 4

On fait une pause

Vous estimez que ça suffit pour aujourd'hui ? Mettez donc un terme à votre séance de travail.

Suspendre l'activité

Suspendre l'activité, c'est mettre le Mac en sommeil. Manifestations physiques : l'écran passe au noir, le disque s'arrête de tourner, la consommation électrique est réduite à sa plus simple expression.

1.

Si des fichiers sont ouverts, enregistrez-les, puis fermez-les (Chapitre 7).

2.

Si des programmes sont en service, quittez-les (Chapitre 6).

3.

Choisissez Pomme/Suspendre l'activité.

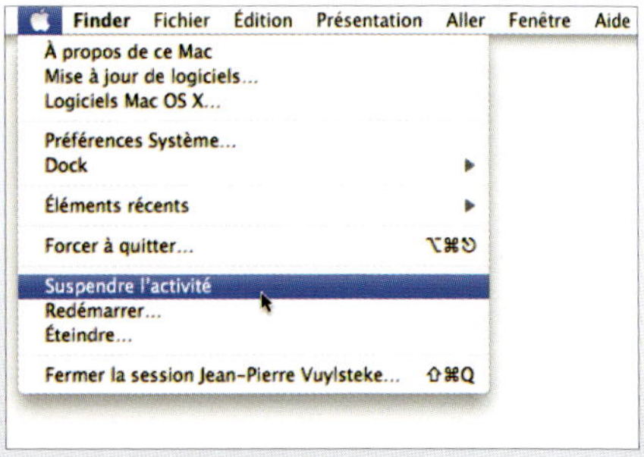

ATTENTION Sur MacBook et MacBook Pro, la mise en veille s'enclenche automatiquement dès que vous fermez l'ordinateur.

BON À SAVOIR Pour réveiller le Mac, appuyez sur le bouton de mise en route.

Éteindre

Pour mettre le Mac hors tension plutôt que de le mettre simplement en veille, c'est la commande Éteindre (du menu Pomme toujours) qu'il faut invoquer. Mais ce n'est franchement pas nécessaire.

Votre ordinateur peut fonctionner de manière continue pendant des jours, des mois, voire des années. D'autant que ces machines n'apprécient guère les changements brusques de température. Les laisser tourner en permanence, même en mode veille, permet de les maintenir à température constante, et les dispense des sautes de courant que ne manquent pas de provoquer les extinctions et les allumages.

Laissez donc tourner votre Macintosh. Ne l'éteignez que quand les circonstances l'imposent, quand vous partez en vacances pour quinze jours ou quand un orage menace.

Deuxième partie

s'enhardir

Chapitre 5
Icônes à gogo

Vous l'avez deviné : Leopard est par essence *iconographique*. En clair, tous ses éléments sont représentés par une icône ou un pictogramme.

Distinguer

Par *éléments*, entendez programmes, documents, dossiers et disques.

Détaillons :

- Les **programmes** ou applications sont les outils qui vous permettent de travailler.

- Les **fichiers** ou documents contiennent le travail que vous produisez avec les programmes.

- Les **dossiers** sont les endroits où sont rangés programmes et documents.

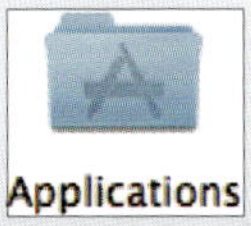

- Les **disques** sont les supports physiques sur lesquels sont stockés programmes, documents et dossiers.

Sélectionner

Identifier les icônes, c'est bien. Mais pour pouvoir les utiliser (lancer un programme, ouvrir un document, déplacer un dossier…), il faut d'abord les sélectionner.

Détaillons les techniques :

- **Sélectionner une icône :** Cliquez dessus. Elle passe *en surbrillance*, montrant ainsi qu'elle est sélectionnée.
- **Sélectionner plusieurs icônes voisines :** Agissez par rectangle ou par Majuscule + clic.

  Par rectangle : Cliquez en haut à gauche du groupe d'icônes à sélectionner et maintenez enfoncé le bouton de la souris. Ensuite, faites glisser en diagonale jusqu'à inclure, dans le rectangle de sélection qui suit votre pointeur, la dernière icône à traiter, celle qui occupe l'angle inférieur droit du groupe. Enfin, relâchez le bouton de votre souris.

  Par Majuscule + clic : Cliquez sur la première icône à sélectionner. Ensuite, enfoncez la touche Majuscule et maintenez-la dans cette position tandis que vous cliquez sur la dernière icône à inclure dans la sélection. Relâchez la touche Majuscule quand toutes les icônes souhaitées sont sélectionnées.
- **Sélectionner plusieurs icônes non adjacentes :** Agissez par ⌘ + clic. Cliquez sur la première icône à sélectionner. Ensuite, enfoncez la touche ⌘ et maintenez-la dans cette position tandis que vous cliquez sur les autres icônes à inclure dans la sélection. Relâchez la touche ⌘ quand toutes les icônes souhaitées sont sélectionnées.

ASTUCE Une fois la sélection réalisée, ⌘ + cliquez sur une icône pour l'exclure de la sélection.

- **Sélectionner toutes les icônes d'un dossier :** Commencez par ouvrir le dossier en question, puis utiliser la commande Tout sélectionner du menu Édition.

ASTUCE Pour désélectionner, il suffit de cliquer en dehors de la sélection. Leopard désélectionne alors la ou les icônes qui étaient sélectionnées.

Chapitre 6
Demandez le programme !

Ce sont les programmes qui donnent vie au Macintosh. Sans eux, votre ordinateur ne serait qu'un tas de ferraille sans aucune utilité.

Ces programmes (ou logiciels, ou encore applications) se répartissent en différentes catégories selon leur finalité comme :

- *traitement de texte* pour traiter le texte (exemple : Microsoft Word) ;

- *tableur* pour gérer les chiffres (exemple : Microsoft Excel) ;

- *PAO* (publication assistée par ordinateur) pour faire de la mise en page (exemple Adobe InDesign) ;

- *navigateur* pour surfer sur le Web (exemple : Safari) ;

- *utilitaire* pour prendre en charge des tâches secondaires mais très utiles (exemple Aide-mémoire).

Lancer

Au départ, les programmes sont au repos, stockés dans le dossier Applications de votre disque dur.

Pour utiliser un programme, il faut le mettre en route, c'est-à-dire le *lancer*. Dès que c'est chose faite :

- le programme démarre ;
- sa barre des menus se substitue à celle du Finder ;
- souvent, un document vierge est créé dans une fenêtre baptisée *Sans titre*.
- son icône s'affiche dans le Dock (si elle n'y figurait pas encore) et se dote du point bleuté qui identifie les programmes en service.

BON À SAVOIR Les icônes de tous les programmes que vous lancez s'affichent dans le Dock où elles sont signalées par un point bleuté lumineux.

Elles s'éclipsent dès que vous quittez les programmes (à moins qu'il ne s'agisse de résidents permanents).

Depuis le dossier Applications

1.

Ouvrez votre disque dur (double-clic sur son icône).

2.

Ouvrez votre dossier Applications (clic sur la mention *Applications* du volet gauche).

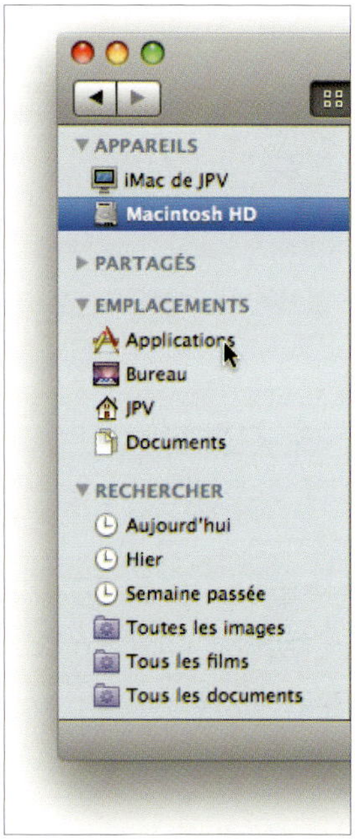

3.

Localisez, parmi les programmes qui s'affichent à droite, celui qui vous intéresse.

4.

Cliquez deux fois sur son icône (en présentation par icônes) ou sur son intitulé (en présentation par liste ou par colonnes).

Depuis le Dock

Si l'icône du programme que vous souhaitez mettre en service se trouve dans le Dock, il suffit de cliquer dessus.

ASTUCE Si elle ne s'y trouve pas, vous pouvez l'y ajouter (Chapitre 10).

Depuis le menu Pomme

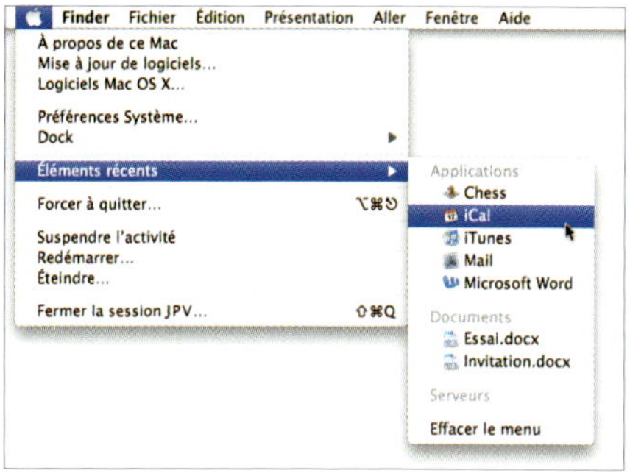

La commande Éléments récents/Applications du menu Pomme se souvient des derniers programmes que vous avez lancés. N'hésitez pas à l'employer pour relancer un programme déjà exploité.

BON À SAVOIR La commande Effacer le menu du bas de la liste efface tout le contenu de ce sous-menu et vous permet de repartir de zéro.

ASTUCE Il existe une autre manière de mettre un programme en service : c'est de lancer un document qu'il a créé. Voyez à ce propos la section « Ouvrir » du chapitre suivant.

Installer d'abord, utiliser ensuite

Apple vous fournit d'emblée toute une série de programmes. Mais vous en acquerrez d'autres qu'il vous faudra installer avant d'exploiter.

La procédure est souvent élémentaire : vous introduisez le DVD d'installation dans le lecteur, puis vous suivez docilement les instructions que vous fournit le programme d'installation.

En général, tout se déroule sans encombre. Seule contrainte : redémarrer la machine en fin d'installation. Aussi, pensez à enregistrer tous vos documents, et de préférence à fermer tous vos programmes avant d'installer quoi que ce soit.

Activer

Vous pouvez lancer plusieurs programmes, mais vous ne pouvez en utiliser qu'un à la fois (hormis le Finder, qui tourne toujours). Pour désigner celui que vous voulez employer, activez-le selon une des trois techniques suivantes :

- Cliquez dans sa fenêtre.

Ou :

- Cliquez sur son icône du Dock.

Ou :

- Enfoncez les touches ⌘ + Tabulation. Dès que la liste des programmes en service s'affiche, relâchez la touche ⌘. Utilisez alors la touche Tabulation ou la souris pour désigner le programme à activer.

Maîtriser les bases

Détaillons brièvement dans cette section comment sélectionner, couper, copier et coller ou encore annuler.

Sélectionner

Dans tous vos programmes, vous serez constamment amené à réaliser des sélections. Autant vous y faire tout de suite.

Les bases en la matière :

- **Pour sélectionner un mot :** Cliquez deux fois dans le mot.
- **Pour sélectionner un paragraphe :** Cliquez trois fois dans le paragraphe.
- **Pour sélectionner une portion quelconque :** Opérez par cliquer-glisser ou par Majuscule + clic.

  Par cliquer-glisser : Cliquez à gauche du premier caractère et maintenez enfoncé le bouton de la souris, puis faites glisser jusqu'au dernier.

  Par Majuscule + clic : Cliquez à gauche du premier caractère, relâchez le bouton de la souris, puis Majuscule + cliquez à droite du dernier.

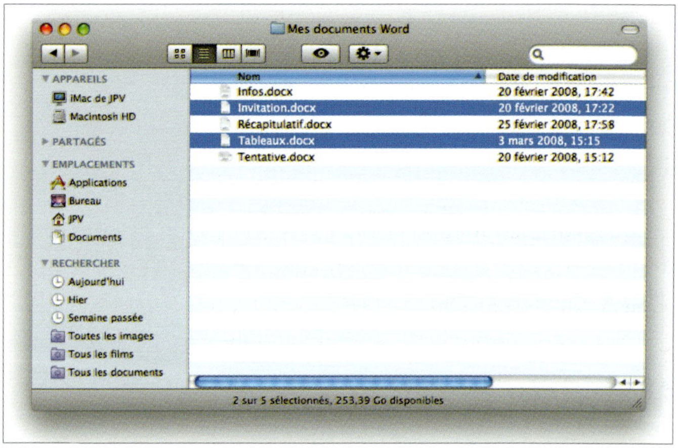

- **Pour sélectionner des éléments non adjacents (sélections discontinues) :** Dans certains programmes, notamment au Finder, il est possible, via la touche ⌘, d'opérer des sélections discontinues, comme le premier et le cinquième élément d'une liste, par exemple.

1.
Opérez la première sélection.

2.
Si nécessaire, déplacez-vous.

3.
Activez la touche ⌘ et maintenez-la dans cette position.

4.
Opérez la deuxième sélection.

5.
Répétez l'opération autant de fois que nécessaire.

6.
Relâchez la touche ⌘.

- **Pour sélectionner une image :** Cliquez dessus.

Couper, copier, coller

Nous abordons ici les trois techniques du couper/copier/coller parce que tous les programmes, sans exception à notre connaissance, les implémentent.

De quoi s'agit-il ? De couper (supprimer) ou de copier (laisser l'original en place et en prendre une copie) un élément (texte, image, musique…) dans un endroit et de le coller (l'introduire) dans un autre.

Cela fonctionne d'un emplacement à un autre d'un même document, d'un document à un autre du même programme, voire d'un document issu d'un programme vers un document issu d'un autre programme.

Ce que vous coupez ou copiez est temporairement stocké dans une mémoire particulière appelée *Presse-papiers*. Dans ce Presse-papiers, un clou chasse l'autre : les éléments qui s'y trouvent y restent tant que vous ne coupez pas ou ne copiez pas autre chose.

ATTENTION Cette mémoire est volatile : son contenu n'est préservé que tant que vous n'éteignez pas l'ordinateur.

Pour couper/copier – coller :

1.

Sélectionnez ce que vous voulez couper ou copier.

2.

Pour couper, choisissez Édition/Couper ou enfoncez les touches ⌘ + X.

Pour copier, choisissez Édition/Copier ou enfoncez les touches ⌘ + C.

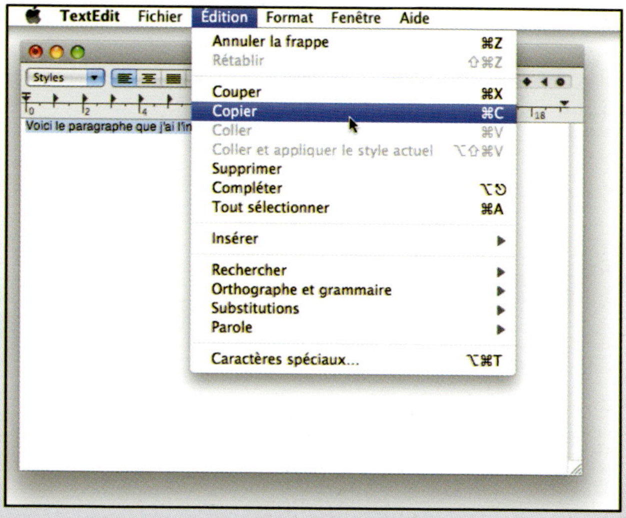

3.

Rendez-vous à l'endroit où le collage doit avoir lieu.

Comme vous le savez, il peut s'agir du même document ou d'un autre, issu du même programme ou d'un autre.

4.

Cliquez à l'endroit où le collage doit avoir lieu.

ASTUCE Vous pouvez aussi réaliser une sélection ; dans ce cas, l'élément collé s'y substituera.

5.

Choisissez Édition/Coller ou enfoncez les touches ⌘ + V.

Annuler

Aussi universelle que Couper, Copier et Coller, la commande Annuler vous permet d'annuler la dernière action que vous avez entreprise.

Vous trouverez cette commande en tête du menu Édition, généralement suivie d'une autre, baptisée Rétablir, qui elle annule l'effet d'annuler !

La première répond à l'équivalent clavier ⌘ + Z ; la seconde à ⌘ + Y.

BON À SAVOIR Certains programmes, comme Word ou Excel, proposent même un annuler cumulatif qui vous permet alors de remonter le temps puisqu'il autorise l'annulation des quelque 30 dernières opérations !

Masquer

Pour fermer provisoirement un programme qui vous encombre, choisissez de le masquer ; le programme reste ouvert, mais tous ses éléments (barre des menus, fenêtres et éventuelles palettes d'outils) disparaissent.

Pour ce faire, validez la commande Masquer *nom du programme* du premier menu dudit programme (celui situé juste à droite du menu Pomme et qui porte le nom du programme actif). Équivalent clavier : ⌘ + H.

La commande Masquer les autres du même menu fait l'inverse : elle masque tous les programmes ouverts à l'exception de celui depuis lequel vous donnez l'ordre de masquage.

Pour réafficher un programme masqué, cliquez sur son icône depuis le Dock.

Quitter

La technique est universelle : choisissez Quitter dans le menu Fichier ou enfoncez les touches ⌘ + Q. Le programme s'éclipse poliment.

Si vous validez cette commande alors que un ou plusieurs documents ouverts dans le programme en question n'ont pas été enregistrés (Chapitre 5), un message d'alerte vous rappelle à l'ordre.

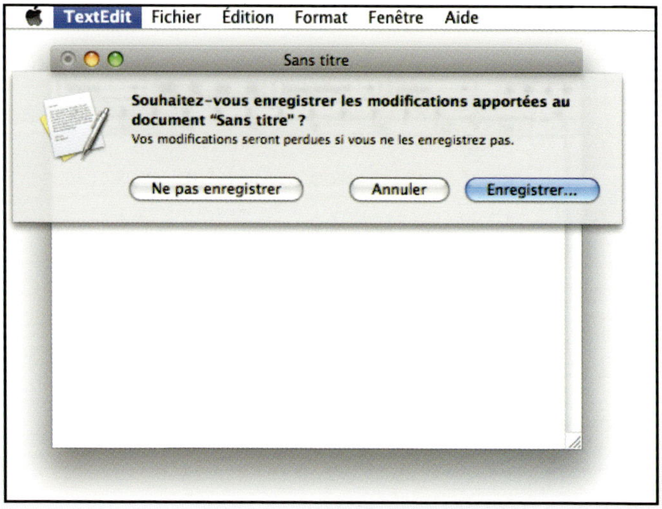

Forcer à quitter

Il arrive qu'un programme se bloque : le pointeur se fige, vous êtes coincé ! La solution : forcer à quitter l'application défaillante.

Si vous vous retrouvez contraint de forcer une application à quitter, les dernières modifications que vous n'aurez pas sauvegardées seront… perdues ! Avant d'employer les grands moyens, assurez-vous que le programme n'est pas occupé ailleurs à une tâche qui l'empêche provisoirement de réagir. Ce serait bête de perdre des données pour rien.

Via le menu Pomme

1.

Choisissez Pomme/Forcer à quitter ou enfoncez les touches ⌘ + Option + Esc.

La fenêtre Forcer des applications à quitter s'ouvre.

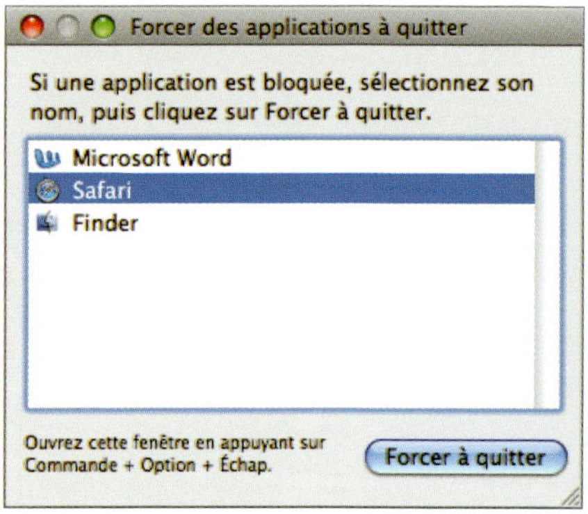

2.

Sélectionnez dans cette liste le programme bloqué.

3.

Cliquez sur Relancer.

Via le Dock

1.

Enfoncez la touche Option et maintenez-la dans cette position.

2.

Cliquez sur l'icône du programme bloqué et maintenez enfoncé le bouton de la souris.

Un menu local se déroule.

3.

Choisissez Forcer à quitter.

4.

Relâchez la touche Option et le bouton de la souris.

Dans les cas extrêmes : éteignez ou redémarrez !

Il vous arrivera peut-être – même si c'est fort rare – que votre Mac lui-même soit complètement planté. À la méthode brutale qui consiste à débrancher le câble d'alimentation (ce qui risque de porter préjudice aux composants électroniques de la machine), préférez la méthode douce : l'extinction forcée. C'est simple : activez le bouton de mise en route de la machine et maintenez-le enfoncé pendant environ 6 secondes. Normalement, le Mac s'éteint sans demander son reste.

Si cette extinction forcée ne marche pas, optez pour le redémarrage forcé : enfoncez les touches Ctrl + ⌘ et maintenez-les dans cette position tandis que vous appuyez sur le bouton de mise en route.

Il est évident que tout ce qui n'était pas sauvegardé au moment du plantage est perdu. Même si expérience d'autrui n'instruit pas, pensez à enregistrer très très régulièrement.

Chapitre 7
Fichez vos fichiers

Les programmes – vous venez de l'apprendre – sont les outils qui vous permettent d'être productif. Le travail que vous produisez grâce à eux est stocké dans un document ou *fichier.*

Il peut s'agir d'un texte (par exemple, un fichier texte de Microsoft Word), d'un tableau de chiffres (par exemple, un classeur de Microsoft Excel), d'une image (créée par un logiciel graphique ou trouvée sur le Net) ou encore d'un air de musique (copié depuis un CD ou acheté à l'iTunes Store).

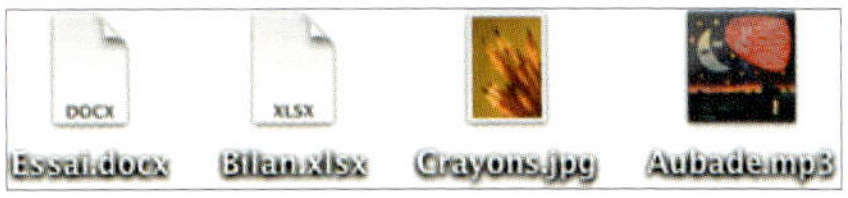

Identifier

Tous les fichiers sont affublés de cinq attributs :

- **Un type :** À chaque programme correspond un type de document.
- **Une icône :** À chaque type de document est associée une icône.
- **Un nom :** C'est l'identifiant que vous donnez au document lorsque vous l'enregistrez pour la première fois.

Extensions… késako ?

Au nom que vous donnez au fichier s'ajoutent automatiquement un point et une suite de caractères (généralement trois), qui constituent ce qu'on appelle l'*extension*. Il s'agit là d'une sorte de code d'identification que le programme source génère spontanément pour que Leopard sache à quel type de document il a affaire, quel programme a servi à le créer et quelle icône il convient de lui associer.

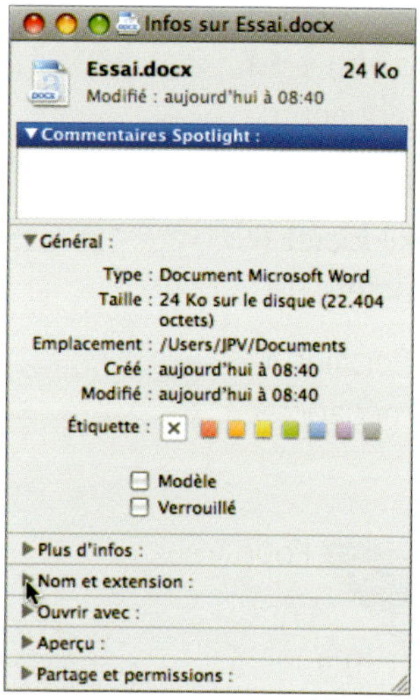

Les documents Microsoft Word, par exemple, portent l'extension .DOCX, les documents Microsoft Excel .XLSX.

Tout se passe dans la fenêtre d'infos, dans la rubrique Nom et extension : activez Masquer l'extension pour la masquer ; désactivez Masquer l'extension pour l'afficher.

- **Une taille :** Chaque document a une taille physique. Exprimée en kilo-octets (Ko), elle renseigne sur la place que le document occupe sur le disque dur.
- **Une date et une heure :** Leopard enregistre systématiquement la date et l'heure auxquelles chaque fichier est créé. C'est ce qu'on appelle *la date et l'heure de création*. S'il vous arrive, par la suite, de modifier le document, Leopard mémorisera deux nouvelles infos, *la date et l'heure de modification*.

La taille, une affaire de Ko

La taille se mesure en ***octets*** (en anglais *bytes*), un octet étant un regroupement de 8 bits (*binary digits*), c'est-à-dire de 8 chiffres binaires, la quantité nécessaire pour représenter un caractère alphanumérique.

Pour les multiples, on fait précéder le mot ***octet*** des préfixes *kilo*, *méga*, *giga*, *téra*… Ainsi, un kilooctet (Ko) vaut 10^{3}, octets, soit 1 000 octets, un mégaoctet (Mo) vaut 10^{6}, soit 1 000 000 octets, un gigaoctet (Go) vaut 10^{9}, soit 1 000 000 000 octets, et ainsi de suite.

Certains fichiers sont minuscules (à peine quelques Ko) ; d'autres sont gigantesques (plusieurs mégaoctets).

ASTUCE Pour visualiser la plupart de ces données, sélectionnez le fichier, puis invoquez la commande Lire les informations du menu Fichier (⌘ + I) ; la fenêtre correspondante est éloquente.

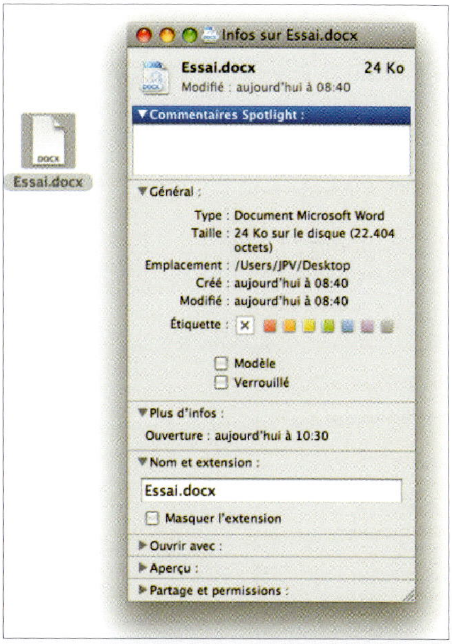

Créer

Ce sont les programmes qui créent les fichiers, pas vous. Et la plupart le font spontanément dès que vous les mettez en route.

Si le fichier ainsi créé ne vous suffit pas, libre à vous d'en créer un ou plusieurs autres.

En général, la procédure est élémentaire : elle se borne à valider la commande Nouveau du menu Fichier ou à exploiter son équivalent clavier, le plus souvent ⌘ + N.

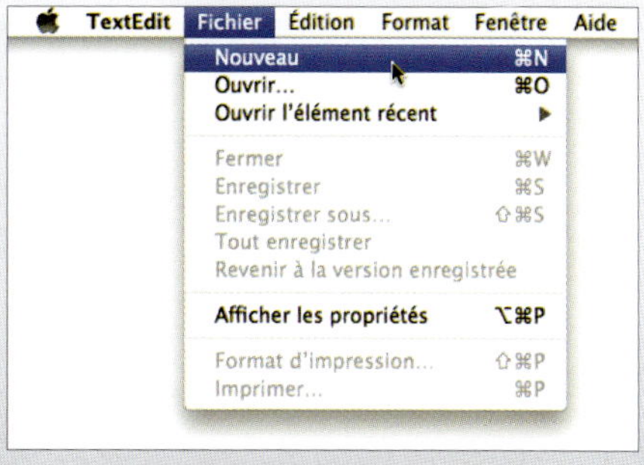

ASTUCE La plupart des programmes proposent une barre d'outils dont l'icône Nouveau document vous assure un accès encore plus direct à la commande.

Enregistrer

Quand vous composez un document, tout est stocké dans la mémoire RAM de l'ordinateur, donc volatil. À vous d'immortaliser votre travail en le copiant sur le disque dur.

C'est précisément à cela que sert la commande Enregistrer. N'hésitez pas à enregistrer très tôt vos fichiers, puis à réinvoquer la commande d'enregistrement à intervalles réguliers. En agissant de la sorte, vous ne perdrez pas grand-chose en cas de plantage.

Enregistrer pour la première fois

Même si les commandes d'enregistrement peuvent varier légèrement selon le programme, en général les options de base se retrouvent partout. Nous prendrons comme exemple la fenêtre d'enregistrement du programme TextEdit.

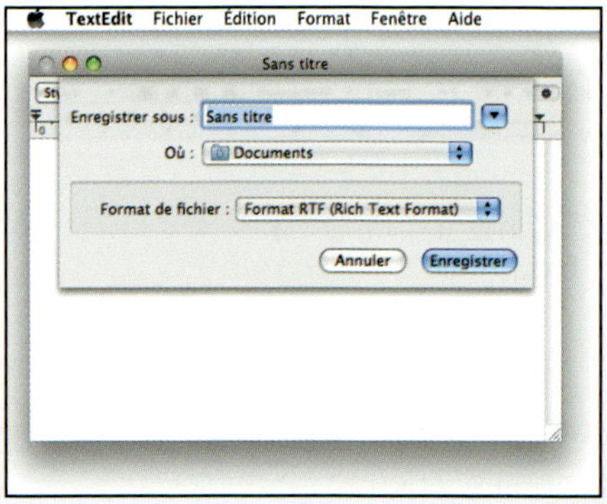

Deux démarches importantes à ce stade :

- donner un nom au document ;
- et indiquer où vous voulez le stocker.

Allez-y :

1.
Choisissez Fichier/Enregistrer ou enfoncez les touches ⌘ + S.
La fenêtre d'enregistrement s'ouvre.

2.

Dans la case Enregistrer sous, tapez le nom que vous voulez donner au fichier.

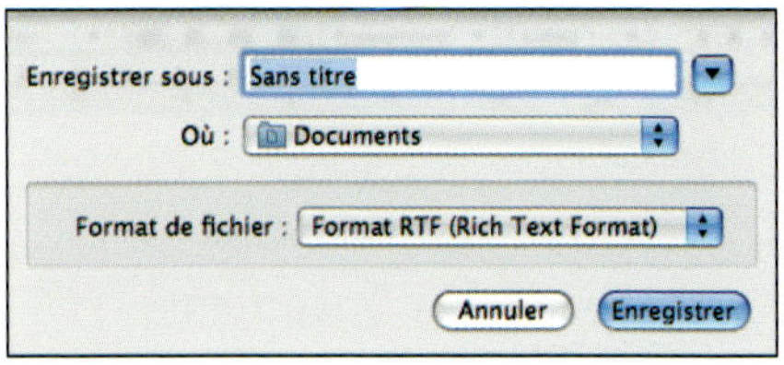

3.

Acceptez l'emplacement Documents proposé par défaut (voir la section « Le principe de base : l'arborescence » du Chapitre 1).

BON À SAVOIR Si vous avez au préalable créé des sous-dossiers dans ce dossier Documents (voir le chapitre suivant) et préférez entreposer le document en cours d'enregistrement dans l'un d'entre eux, accédez à la liste de ces sous-dossiers en cliquant sur le petit triangle noir juste à droite de la mention Documents et désignez le sous-dossier de votre choix.

4.

Cliquez sur Enregistrer.

Enregistrer les modifications

Toutes les modifications apportées au fichier après ce premier enregistrement ne seront sauvegardées que si vous le demandez expressément.

Comment ? Via la commande Enregistrer (⌘ + S), évidemment !

Enregistrez régulièrement. Enregistrez aussi juste avant de fermer un fichier. Si vous n'y pensez pas tout seul, Leopard y pensera pour vous.

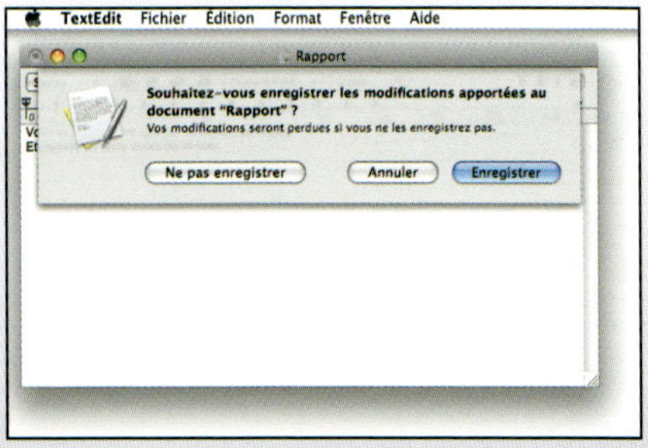

ASTUCE Pour disposer d'un autre exemplaire du fichier, enregistrez-le sous un autre nom grâce à la commande Enregistrer sous…

Ouvrir

Différentes techniques d'ouverture sont à votre disposition.

Depuis le dossier Documents

Si vous avez suivi nos conseils, tous vos fichiers sont stockés dans le dossier Documents ou dans un de ses sous-dossiers.

1.
Ouvrez ce dossier Documents.

2.
Localisez l'icône du fichier à ouvrir (en commençant, si nécessaire, par ouvrir l'un ou l'autre sous-dossier).

3.
Cliquez deux fois sur cette icône.
Le programme concerné démarre et ouvre le fichier sélectionné.

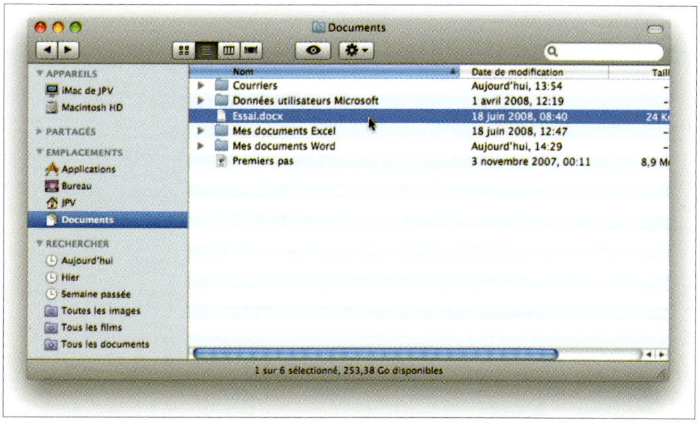

Depuis le Dock

La pile Documents du Dock vous dévoile le contenu de ce dossier. Génial, non, pour accéder à son contenu ?

Cliquez sur la pile pour en afficher le contenu, puis sélectionnez-y le fichier à ouvrir et le tour est joué.

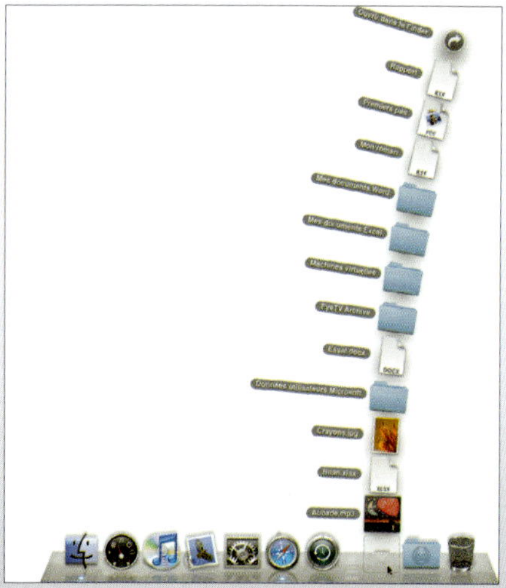

BON À SAVOIR La pile affiche toujours l'icône du dernier élément qui lui a été ajouté.

ASTUCE Si le fichier que vous voulez ouvrir se trouve dans un sous-dossier (Chapitre 8), choisissez ce sous-dossier dans la pile et voici sa fenêtre qui s'ouvre. Hyperpratique.

Depuis le menu Pomme

La commande Éléments récents/Documents du menu Pomme se souvient des derniers fichiers que vous avez ouverts. Utilisez-la pour les ouvrir de nouveau.

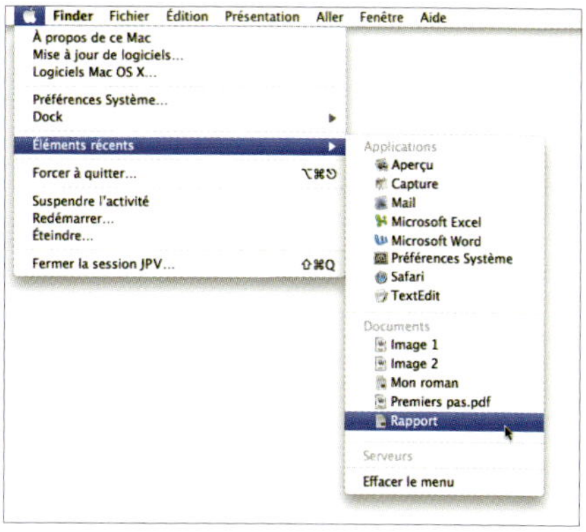

BON À SAVOIR La commande Effacer le menu du bas de la liste efface tout le contenu de ce sous-menu et vous permet de repartir de zéro.

Depuis le programme source

Les programmes vous permettent, bien entendu, d'ouvrir les documents qu'ils ont servi à créer.

1.

Lancez le programme en question.

2.

Choisissez Fichier/Ouvrir ou enfoncez les touches ⌘ + O.

La fenêtre d'ouverture s'ouvre.

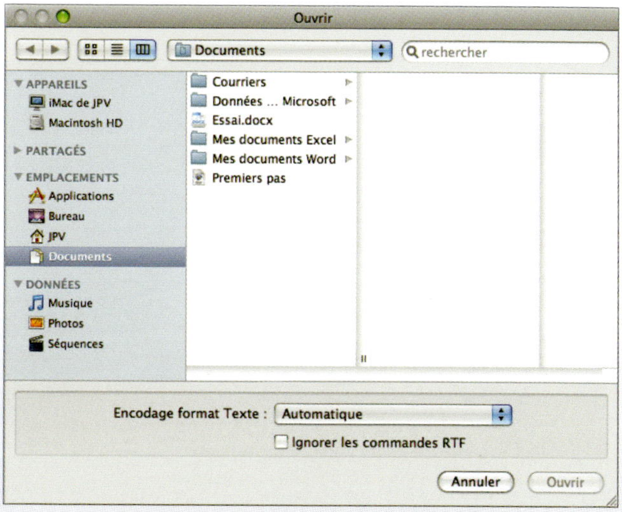

BON À SAVOIR Vous constaterez peut-être quelques variantes selon le programme, TextEdit dans notre exemple.

3.

Localisez le fichier à ouvrir.

BON À SAVOIR Si vous avez suivi nos conseils, ce document se trouve dans le dossier Documents ou dans un des éventuels sous-dossiers que vous y aurez créés (Chapitre 8).

4.

Cliquez sur Ouvrir.

ASTUCE Autre technique, plus rapide : si les icônes du document et du programme source sont proches l'une de l'autre, faites glisser celle du document sur celle du programme et le voilà qui démarre et ouvre le fichier en question.

Imprimer

L'impression est souvent le but ultime de la création de fichiers. Mais un bon conseil : paramétrez et prévisualisez avant d'imprimer.

ATTENTION Nous partons du principe que votre imprimante a été correctement branchée, installée et configurée. Si ce n'est pas le cas, consultez la documentation Mac OS X.

Paramétrer

Votre imprimante a besoin d'infos pour imprimer votre fichier. La commande prévue à cet effet se trouve dans le menu Fichier et s'appelle soit Format d'impression (c'est le cas de TextEdit), soit Mise en page (c'est le cas de Word).

Si les options varient selon les programmes, les bases sont toujours identiques.

- **Taille du papier :** Le format européen classique est le format A4, mais d'autres formats sont disponibles.
- **Orientation du papier :** Soit Portrait ou *à la française* (pour imprimer dans le sens de la largeur du papier), soit Paysage ou *à l'italienne* (pour imprimer dans le sens de la longueur du papier).
- **Échelle :** Vous imprimez à 100 % ou vous entrez une autre valeur.

BON À SAVOIR Si le programme dans lequel vous évoluez ne propose aucune de ces deux commandes, pas de panique : vous trouverez vraisemblablement ces réglages dans la fenêtre d'impression.

Prévisualiser

Prévisualiser, c'est regarder à quoi ressemblera le fichier imprimé. C'est l'occasion de voir éventuellement ce qui cloche et de rectifier le tir avant de gaspiller inutilement du papier et de l'encre.

1.

Ouvrez le fichier dans le programme qui l'a créé.

2.

Choisissez Fichier/Aperçu avant impression.

BON À SAVOIR Certains programmes ne proposent pas cette commande. Mais vous trouvez le plus souvent son équivalent sous la forme d'un bouton Aperçu dans la fenêtre d'impression.

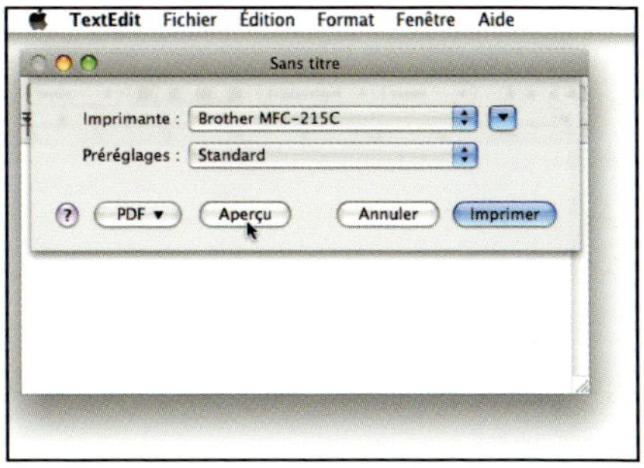

3.

Examinez le fichier à votre aise.

Les outils classiques sont la loupe, le zoom (avant et arrière) et les boutons de navigation (Précédent et Suivant).

4.

Quittez le mode Aperçu avant impression en cliquant dans la case de fermeture de la fenêtre.

5.

Si des corrections s'imposent, effectuez-les.

Lancer

Vous y voilà enfin !

1.

Allumez votre imprimante.

2.

Ouvrez le fichier dans le programme qui l'a créé.

3.

Choisissez Fichier/Imprimer ou enfoncez les touches ⌘ + P.

De nouveau, les options varient d'un programme à l'autre. Retenons les classiques, celles de TextEdit en l'occurrence.

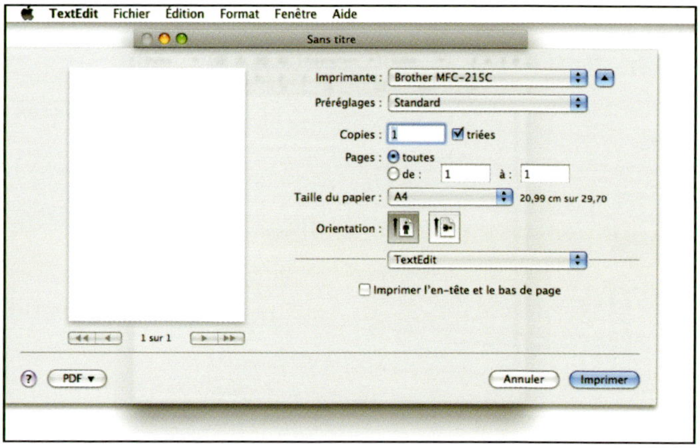

4.

Fournissez les infos requises.

5.

Cliquez sur Imprimer.

Les données classiques sont :

- **Nombre d'exemplaires :** Entrez la valeur souhaitée.
- **Copies assemblées :** Si le document comporte plusieurs pages et que vous en demandez plusieurs exemplaires, soit l'imprimante imprime d'abord toutes les pages 1, puis toutes les pages 2, et ainsi de suite (c'est le cas quand l'option Copies assemblées n'est pas cochée) ; soit elle traite toutes les pages du premier exemplaire, puis toutes celles du deuxième, etc.

- **Étendue :** Définissez les pages à traiter :
  - **Toutes :** Pour imprimer toutes les pages.
  - **De… à :** Pour limiter l'impression à une série de pages.
  - **Page actuelle :** Pour limiter l'impression à la page du fichier dans laquelle se trouve le point d'insertion.

BON À SAVOIR La commande Imprimer du menu Fichier du Finder permet de lancer rapidement l'impression d'un document : sélectionnez l'icône du fichier à imprimer, puis validez-la. Le programme qui a servi à créer le fichier en question démarre et l'envoie directement à l'impression, sans transiter par la fenêtre Imprimer.

Fermer

Pour fermer un document dont vous n'avez plus besoin, commencez par enregistrer les dernières modifications que vous y avez apportées (Fichier/Enregistrer ou ⌘ + S), puis :

- Choisissez Fichier/Fermer.

Ou :

- Enfoncez les touches ⌘ + W.

Ou :

- Cliquez dans la case de fermeture de la fenêtre.

Supprimer

Débarrassez-vous des fichiers dont vous n'avez plus l'usage :

1.

Depuis le Finder, sélectionnez le fichier à supprimer.

2.

Faites glisser son icône sur celle de la Corbeille.
Ou :
Choisissez Fichier/Placer dans la Corbeille.

BON À SAVOIR L'icône de la Corbeille change selon qu'elle est vide ou que vous y avez mis des choses à jeter.

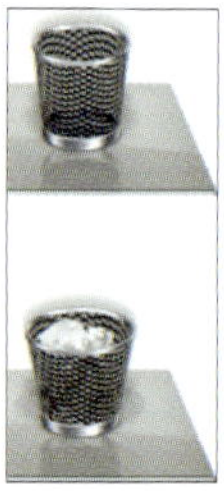

ASTUCE La Corbeille sert aussi à éjecter les CD et DVD ainsi que les supports de stockage amovibles, style disque dur externe ou clé USB. De nouveau, il suffit de faire glisser l'icône du disque sur celle de la Corbeille qui affiche alors, en info-bulle, la mention Éjecter.

Au secours !

Vous avez jeté un fichier que vous vouliez garder ? Pas de panique ! Il suffit d'ouvrir la Corbeille (en cliquant une fois sur son icône depuis le Dock), puis de sélectionner l'icône du fichier à récupérer et de la faire glisser en dehors de la fenêtre.

ATTENTION En fait, le contenu de la Corbeille est préservé tant que vous ne demandez pas expressément à la vider. Pour ce faire, faites un clic maintenu sur son icône, puis choisissez Vider la Corbeille dans le menu contextuel qui se déroule alors sous votre pointeur. À moins que vous ne préfériez utiliser la commande Vider la Corbeille du menu Finder.

Dans un cas comme dans l'autre, il vous faudra confirmer votre intention en cliquant sur OK dans la fenêtre qui vous signale que cette action est irréversible.

Autres manipulations

Terminons par quelques manipulations classiques : renommer, dupliquer et déplacer.

Renommer

Pour changer le nom d'un fichier :

1.
Sélectionnez le fichier à renommer.

2.
Activez le mode Édition via la touche Entrée.
Le nom passe en surbrillance.

3.
Tapez le nouveau nom.

ATTENTION Si l'extension du document est affichée, évitez de la modifier. Cet attribut est géré par Leopard : n'intervenez pas !

4.
Confirmez via la touche Entrée.

Dupliquer

Pour obtenir un deuxième exemplaire d'un fichier :

1.
Sélectionnez le fichier à dupliquer.

2.

Choisissez Dupliquer ou enfoncez les touches ⌘ + D.
Leopard crée un double du fichier, qu'il distingue de l'original par la mention – *copie*.

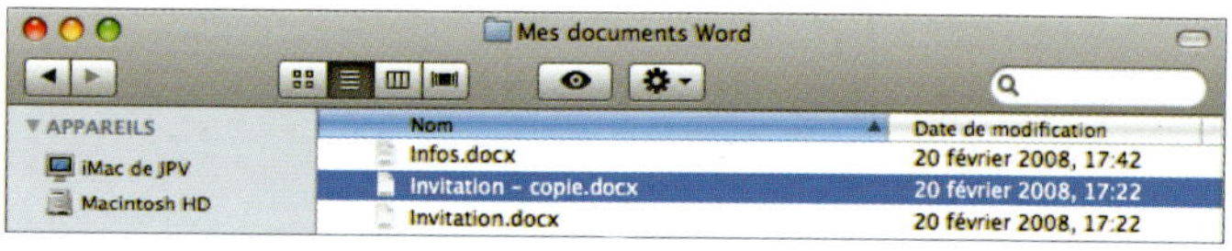

Il ne peut y avoir deux fichiers identiques stockés au même endroit.

3.

Laissez ce nom tel quel ou remplacez-le par un autre.

Déplacer

Pour transférer des fichiers d'un endroit à un autre, utilisez le cliquer-glisser.

Prenons un exemple.

Pour déplacer le fichier Essai vers le sous-dossier Mes documents Word :

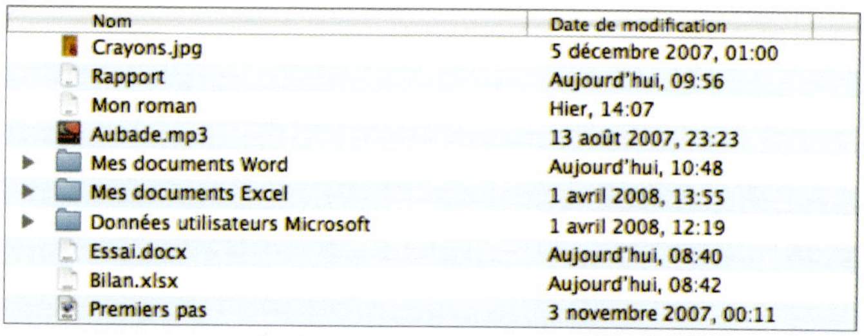

1.

Cliquez sur le fichier Essai et maintenez enfoncé le bouton de la souris.

2.

Faites glisser sur le dossier Mes documents Word.

3.

Quand l'icône de ce dossier apparaît contrastée, relâchez le bouton de la souris.

Chapitre 8
Des dossiers pour tout ranger

Prenez dès le début de bonnes habitudes : stockez toutes vos petites affaires dans le dossier Documents, quitte à y prévoir une série de sous-dossiers pour faciliter votre rangement.

S'organiser

C'est en effet le dossier Documents que Leopard vous destine par défaut. Ce n'est pas pour rien qu'il vous est systématiquement proposé dans toutes les fenêtres d'ouverture et d'enregistrement.

Respectez cette consigne et évitez de vous éparpiller à gauche et à droite. Ne marchez pas sur les plates-bandes de Mac OS X en allant stocker des fichiers à vous dans ses dossiers à lui.

Tout est fait pour vous encourager : le dossier Documents est facilement accessible depuis toutes les fenêtres Finder, puisque logé dans la rubrique Emplacements de la barre latérale.

Mais, pour vous faciliter la vie, n'hésitez pas à créer au sein du dossier Documents autant de sous-dossiers que l'organisation de votre travail l'exige.

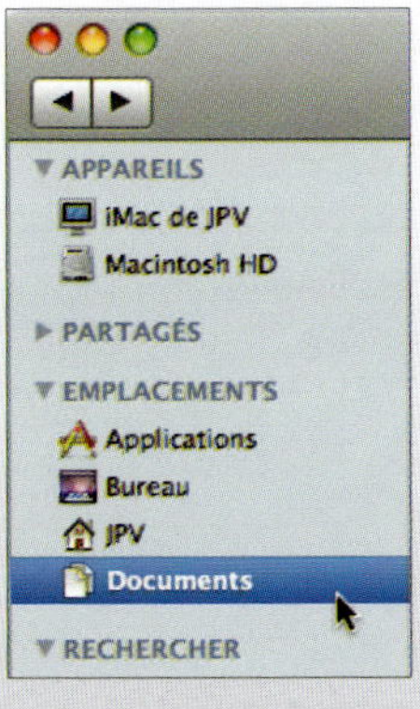

Ainsi, pour ranger vos documents de traitement de texte, vous pourriez prévoir un sous-dossier principal baptisé *Courriers*, dans lequel vous créeriez trois sous-sous-dossiers que vous appelleriez *Lettres*, *Mémos* et *Rapports*. (Voyez comment faire dans la section « Créer », plus loin dans ce chapitre.)

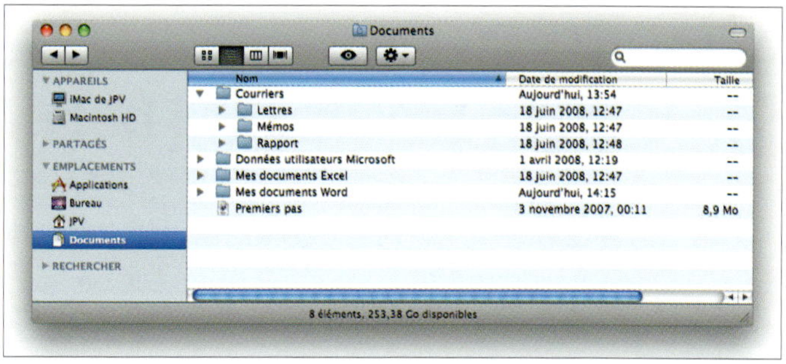

Aucune limite n'est imposée : le nombre de dossiers et de sous-dossiers est infini. Le niveau d'imbrication aussi. Mais attention : la structure doit rester gérable. À vous de connaître vos limites.

Manipuler

Passons en revue l'ouverture, la fermeture, la création et la suppression de dossiers ainsi que l'ajout et le retrait d'éléments.

Ouvrir

Le double-clic encore et toujours. Vous commencez à avoir l'habitude !

Par défaut, chaque fois que vous ouvrez un dossier, son contenu s'affiche en se substituant à celui éventuellement affiché. Pour que cela ne soit pas le cas, c'est-à-dire pour que chaque dossier s'ouvre dans une fenêtre bien à lui, voici comment vous y prendre :

1.

Choisissez Finder/Préférences ou enfoncez les touches ⌘ + , (virgule).

La fenêtre Préférences du Finder s'ouvre.

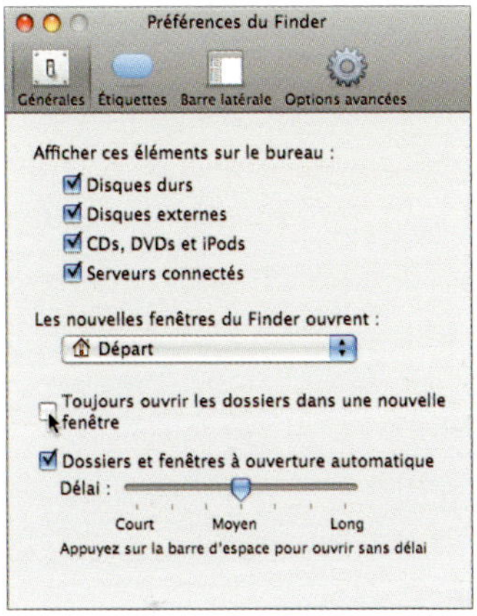

2.
Validez l'option Toujours ouvrir les dossiers dans une nouvelle fenêtre.

3.
Fermez la fenêtre en cliquant dans sa case de fermeture.

Fermer

Élémentaire : les dossiers s'ouvrant en fenêtres, on ferme un dossier comme on ferme une fenêtre, en cliquant dans sa case de fermeture.

Créer

C'est tout aussi élémentaire :

1.
Affichez le dossier dans lequel vous voulez agir.

2.
Choisissez Fichier/Nouveau dossier ou enfoncez les touches ⌘ + Majuscule + N.
Leopard crée un dossier vide, qu'il baptise provisoirement *dossier sans titre*.

3.
Tapez le nom de votre choix.

4.
Confirmez via la touche Entrée.

Ajouter et retirer des éléments

Tout se fait par cliquer-glisser.

Pour ajouter, il suffit de faire glisser l'élément à ajouter sur l'icône du dossier fermé ou dans la fenêtre du dossier ouvert.

Pour retirer, il n'y a qu'à ouvrir le dossier, puis en extraire le ou les éléments souhaités par cliquer-glisser.

Supprimer

Un glissement vers la Corbeille et voilà qui est fait. À moins, comme pour les fichiers, que vous ne préfériez invoquer la commande Placer dans la Corbeille du menu Fichier.

Archiver

Perdre des données, ça n'arrive pas qu'aux autres. Vous supprimez accidentellement un dossier. Ou votre disque dur tombe en panne, la belle grosse panne, celle qui en rend tout le contenu irrécupérable. D'où l'intérêt d'avoir une copie de sauvegarde – un *backup* – de vos données importantes.

À condition que votre Macintosh soit équipé en conséquence (lecteur Combo ou SuperDrive), vous pouvez archiver – *graver* – vos données sur CD ou DVD.

BON À SAVOIR Il est bien sûr également possible d'archiver sur un disque dur externe ou sur une clé USB.

Plusieurs techniques cohabitent pour mettre vos données à l'abri (documents importants, photos, morceaux de musique, mails, agenda...) ; optons pour la plus immédiate, celle qui consiste à graver vos données sur CD-R ou DVD-R d'une capacité supérieure ou à tout le moins égale à la quantité de données à traiter.

BON À SAVOIR En général, les CD ont une capacité de 750 Mo, les DVD de 4,7 Go pour une version simple couche et plus de 9 Go pour une version double couche.

1.

Ouvrez la fenêtre Finder dans laquelle se trouvent le ou les éléments à graver.

Il peut s'agir de dossiers et/ou de documents.

2.

Sélectionnez leurs icônes.

3.

Choisissez Fichier/Graver *nom de l'élément*.

Si vous avez sélectionné plusieurs éléments, la commande du menu indique Graver *x* éléments sur le disque, où *x* correspond au nombre d'éléments sélectionnés.

La fenêtre Graver le disque s'affiche.

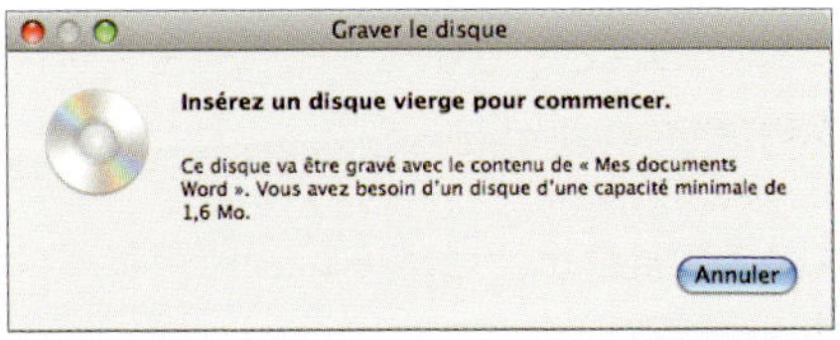

4.

Insérez un disque vierge.

Une seconde fenêtre s'ouvre.

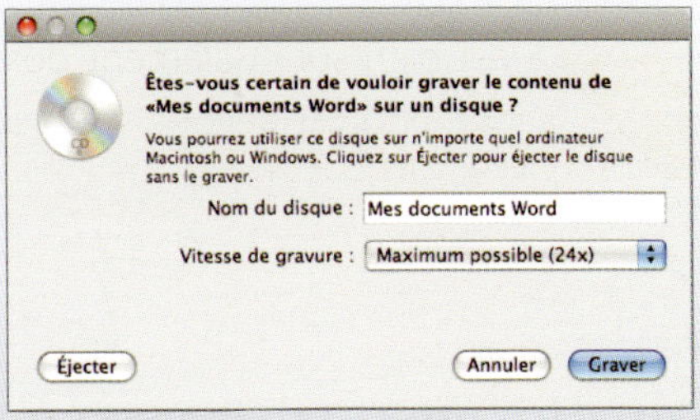

5.

Dans la case Nom du disque, tapez le nom que vous souhaitez donner au CD ou au DVD.

6.

Dans la case Vitesse de gravure, acceptez l'option proposée par défaut.

7.

Cliquez sur Graver.

La fenêtre Gravure s'ouvre, qui vous tient informé du déroulement de la procédure.

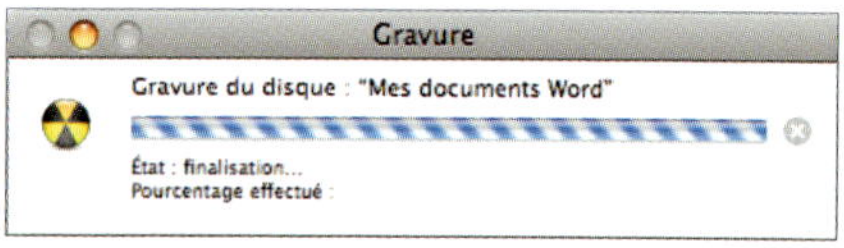

Quand tout est terminé, l'icône du disque gravé s'affiche sur le Bureau.

8.

Faites glisser cette icône sur celle de la Corbeille pour éjecter le disque.

9.

Étiquetez-le sans tarder en inscrivant son nom et son contenu sur la face supérieure (imprimée) à l'aide d'un feutre indélébile spécial CD/DVD.

Troisième partie

on se met à l'aise

Chapitre 9
Personnaliser le Bureau

Lieu privilégié de l'interface utilisateur, le Bureau est éminemment personnalisable. Nous limiterons ici notre propos à trois aspects de cette interface : le choix d'un arrière-plan et d'un écran de veille ainsi que la personnalisation de la barre latérale des fenêtres Finder.

L'arrière-plan

Vous aurez sans doute envie de remplacer l'arrière-plan classique du Bureau de Mac OS X par un fond personnalisé.

Choisir un fond prédéfini

1.

Choisissez Pomme/Préférences Système ou activez l'icône correspondante du Dock.

La fenêtre des Préférences Système s'ouvre.

2.

Dans la rubrique Personnel, cliquez sur Bureau et éco. d'écran.

La fenêtre Bureau et économiseur d'écran s'ouvre.

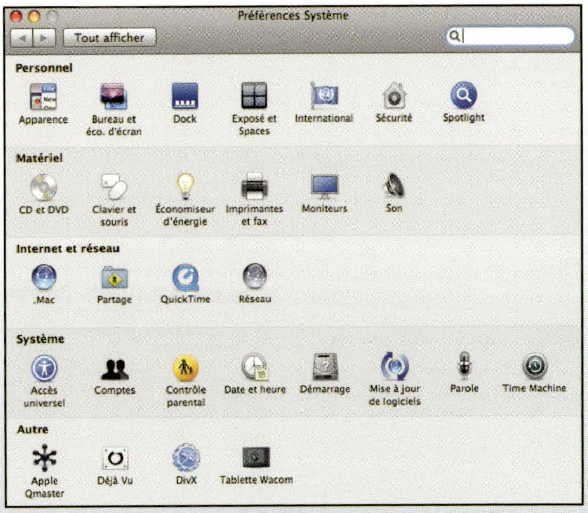

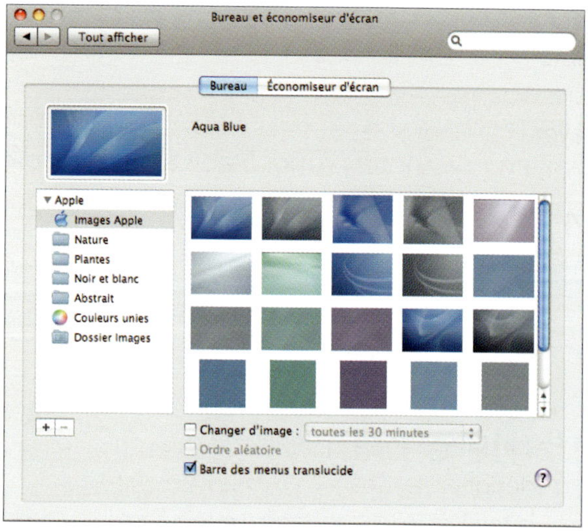

3.

Si son onglet Bureau n'est pas affiché, activez-le.
L'onglet Bureau s'affiche.

4.

Dans la liste de gauche, choisissez une collection prédéfinie parmi Images Apple, Nature, Plantes, Noir et blanc, Abstrait ou Couleurs unies.
La collection correspondante s'affiche à droite.

5.

Faites-y votre choix.
La modification s'opère immédiatement.

ASTUCE Validez l'option Changer d'image pour faire défiler les images du dossier sélectionné ; choisissez alors une fréquence dans le menu local voisin. Les images seront proposées dans l'ordre où elles s'affichent ici, à moins que vous ne validiez Ordre aléatoire.

6.

Fermez la fenêtre quand vous avez terminé.

Préférer une image à vous

1.

Choisissez Pomme/Préférences Système ou activez l'icône correspondante du Dock.
La fenêtre des Préférences Système s'ouvre.

2.

Dans la rubrique Personnel, cliquez sur Bureau et éco. d'écran.
La fenêtre Bureau et économiseur d'écran s'ouvre.

3.

Si son onglet Bureau n'est pas affiché, activez-le.

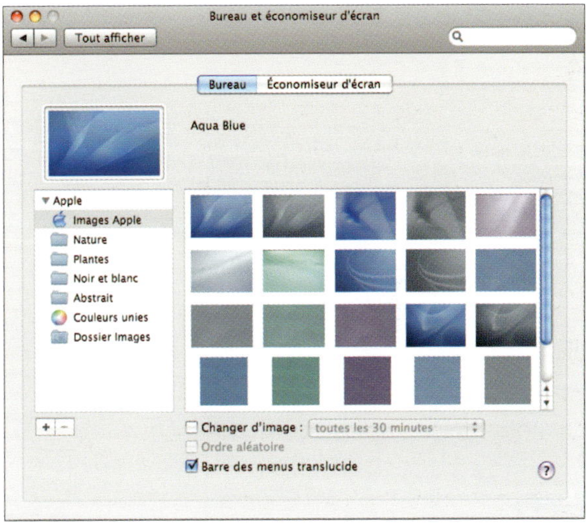

L'onglet Bureau s'affiche. Dans le bas de la liste de gauche figurent votre dossier Images, votre bibliothèque iPhoto (si vous en avez créé une) et les éventuels dossiers de photos que vous avez constitués.

4.

Désignez le dossier source.

- Pour désigner votre dossier Images, cliquez sur son nom.
- Pour désigner un autre dossier, cliquez sur le signe + en bas à gauche, puis désignez le dossier en question dans la fenêtre d'ouverture qui vous est alors proposée. Son nom s'affiche dans le bas de la liste, dans une nouvelle rubrique baptisée Dossiers ; sélectionnez-l'y.

5.

Dans la partie droite, sélectionnez l'image.

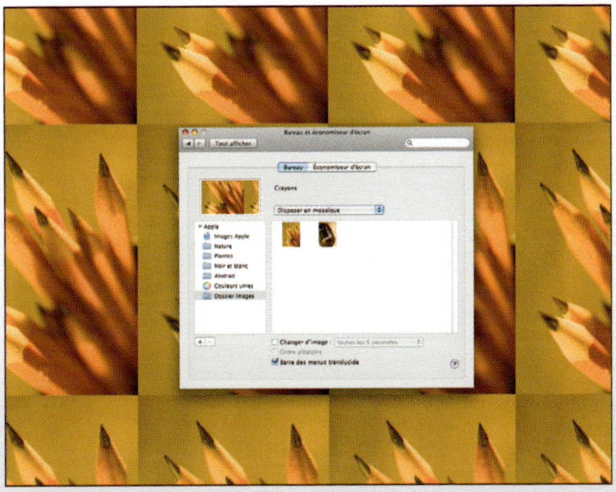

La modification s'opère immédiatement. Leopard choisit une option d'affichage en fonction de la taille de l'image par rapport à celle du Bureau.

6.

Si l'image telle qu'elle est affichée ne vous convient pas, optez pour un autre mode d'affichage via le menu local placé au-dessus de la zone principale de la fenêtre.

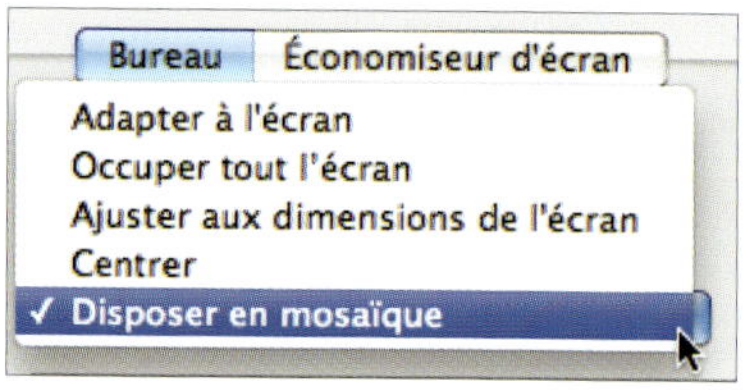

ASTUCE Validez l'option Changer d'image pour faire défiler les images du dossier sélectionné ; choisissez alors une fréquence dans le menu local voisin. Les images seront proposées dans l'ordre où elles s'affichent ici, à moins que vous ne validiez Ordre aléatoire.

7.

Fermez la fenêtre quand vous avez terminé.

L'écran de veille

Vous allez boire un café. Manger un sandwich. Regarder les infos à la télé. Quand vous faites une pause, votre Mac fait de même : après un certain laps de temps, il se met en veille. Si l'animation qui s'active par défaut pour faire joli ne vous convient pas, choisissez-en une autre.

Choisir une mise en veille prédéfinie

1.

Choisissez Pomme/Préférences Système ou activez l'icône correspondante du Dock. La fenêtre des Préférences Système s'ouvre.

2.

Dans la rubrique Personnel, cliquez sur Bureau et éco. d'écran. La fenêtre Bureau et économiseur d'écran s'ouvre.

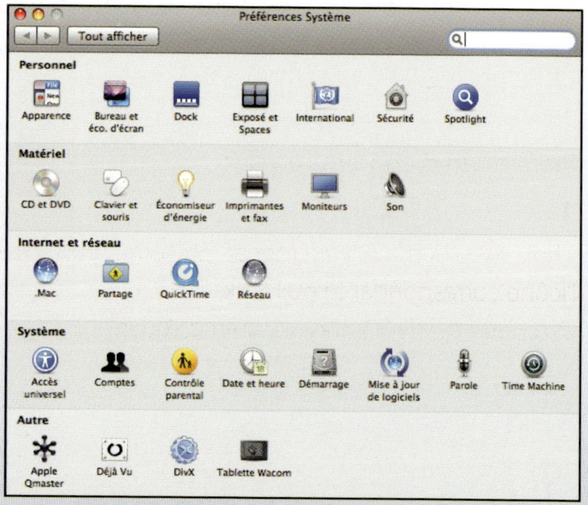

3.

Si son onglet Économiseur d'écran n'est pas affiché, activez-le.
L'onglet Économiseur d'écran s'affiche.

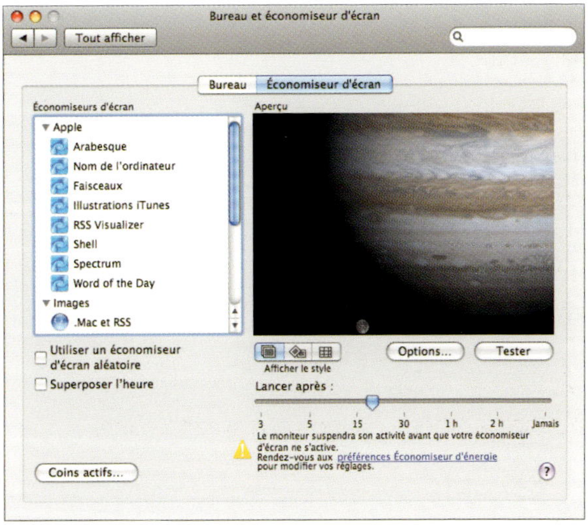

4.

Dans la liste de gauche, choisissez un module prédéfini dans la rubrique Apple ou Images.

Vous pouvez préférer le choix du hasard (cochez Utiliser un économiseur d'écran aléatoire) et/ou souhaiter l'affichage simultané de l'heure (cochez Superposer l'heure).

5.

Cliquez sur Tester pour apprécier l'effet à l'écran.

6.

Le cas échéant, modifiez le délai au terme duquel l'écran de veille doit entrer en action grâce au curseur Lancer après.

7.

Fermez la fenêtre quand vous avez terminé.

Pour reprendre votre travail, déplacez votre souris ou enfoncez n'importe quelle touche de votre clavier.

Préférer un diaporama à vous

1.

Choisissez Pomme/Préférences Système ou activez l'icône correspondante du Dock.
La fenêtre des Préférences Système s'ouvre.

2.

Dans la rubrique Personnel, cliquez sur Bureau et éco. d'écran.

La fenêtre Bureau et économiseur d'écran s'ouvre.

3.

Si son onglet Économiseur d'écran n'est pas affiché, activez-le.

L'onglet Économiseur d'écran s'affiche. Dans le bas de la liste de gauche figurent votre dossier Images ainsi que la commande Choisir un dossier.

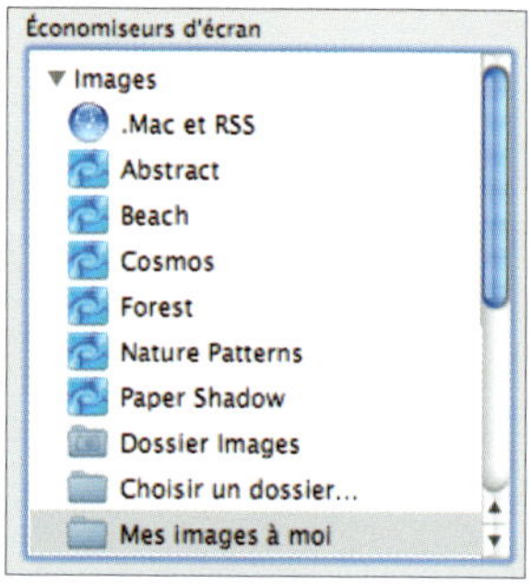

4.

Désignez le dossier source :

- Pour désigner votre dossier Images, cliquez sur son nom.
- Pour désigner un autre dossier, cliquez sur Choisir un dossier, puis désignez le dossier en question dans la fenêtre d'ouverture qui vous est alors proposée. Son nom s'affiche dans le bas de la liste ; sélectionnez-l'y.

5.

Cliquez sur Options pour accéder aux réglages, puis confirmez par OK.

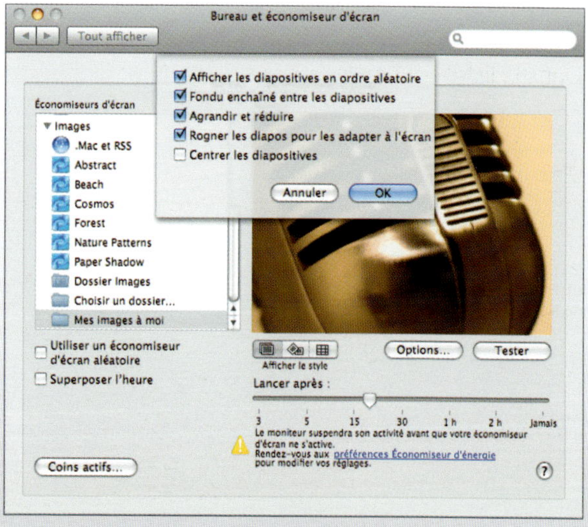

6.

Fermez la fenêtre quand vous avez terminé.

BON À SAVOIR Pour reprendre votre travail, déplacez votre souris ou enfoncez n'importe quelle touche de votre clavier.

La barre latérale

Apprenez en la matière à :

- faire un choix parmi les éléments prédéfinis susceptibles de s'afficher dans cette barre ;
- ajouter (et supprimer) des éléments de la rubrique Emplacements ;
- modifier l'ordre dans lequel les éléments s'affichent.

Régler les préférences

Mac OS X vous permet de choisir, parmi toute une série d'éléments, ceux que vous voulez voir figurer dans la barre latérale de vos fenêtres Finder :

1.

Choisissez Finder/Préférences.
La fenêtre des Préférences s'ouvre.

2.

Activez son onglet Barre latérale.
L'onglet Barre latérale s'affiche.

3.

Dans la liste, cochez les éléments à afficher ; décochez ceux à masquer.

4.

Fermez la fenêtre quand vous avez terminé.

Ajouter et supprimer des éléments

Ajoutez à la rubrique Emplacements de la barre latérale les fichiers et les dossiers que vous manipulez le plus souvent.

Pour y arriver, c'est simple : il suffit de cliquer-glisser ! Une ligne bleue vous indique à quelle position l'élément traité va échouer.

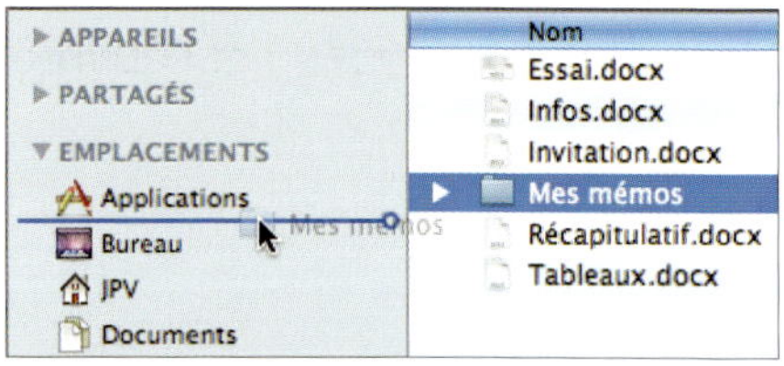

Ainsi, le dossier Mes mémos est ajouté entre Applications et Bureau :

À l'inverse, pour supprimer un élément (qu'il soit d'origine ou ajouté par vous), faites glisser son icône en dehors de la barre, soit vers le volet de visualisation de la fenêtre, soit carrément vers le Bureau. Un petit nuage confirme la suppression.

BON À SAVOIR Rassurez-vous : seul le raccourci de la barre latérale est supprimé ; l'original, lui, reste bel et bien en place sur le disque.

Réorganiser la liste

Vous n'allez pas nous croire : il suffit, une fois de plus, de cliquer-glisser !

1.
Sélectionnez l'élément à déplacer.

2.
Faites-le glisser vers le haut ou vers le bas.

3.
Relâchez le bouton de votre souris quand il atteint la position souhaitée.

Chapitre 10
Personnaliser le Dock

Élément majeur de l'environnement Mac OS X, le Dock est incontournable. Raison de plus pour en découvrir les différents réglages.

Le contenu

Le Dock vous est présenté avec certaines icônes. Libre à vous de les conserver, de les déplacer, de les supprimer ou d'en ajouter d'autres.

- **Ajouter :** Ajoutez au Dock les icônes des programmes, des fichiers ou des dossiers que vous utilisez le plus souvent.

  C'est facile : localisez l'icône à ajouter, puis faites-la glisser à gauche du séparateur s'il s'agit d'un programme, à droite dans le cas d'un fichier ou d'un dossier.

BON À SAVOIR

Les dossiers ajoutés au Dock deviennent des piles, qui fonctionnent comme la pile Documents dont il a déjà été question.

- **Déplacer** : Faites glisser l'icône à déplacer vers la gauche ou vers la droite et relâchez le bouton de votre souris quand vous atteignez l'emplacement souhaité.

- **Supprimer** : Faites glisser l'icône à déplacer vers le haut, en dehors du Dock. Elle disparaît dans un nuage.

ASTUCE

L'original n'est pas touché : seul le raccourci placé dans le Dock disparaît.

La position

Déroulez le sous-menu Dock du menu Pomme et vous aurez accès aux trois commandes de position. À vous de voir celle qui vous convient le mieux.

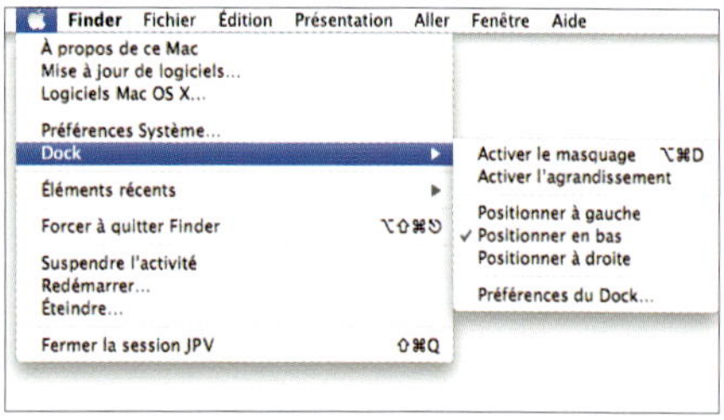

L'apparence

Ici, c'est la commande Pomme/Dock/Préférences du Dock qui intervient.

- **Taille :** Utilisez le curseur Taille.

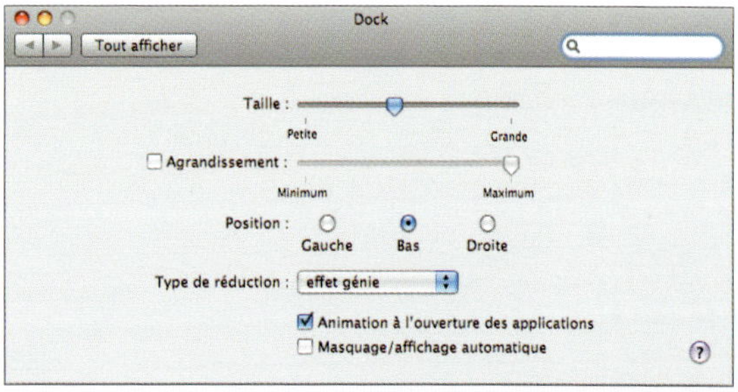

ASTUCE

Autre technique : faites glisser le séparateur du Dock vers le haut ou vers le bas. Résultat identique, mais accès plus rapide.

- **Agrandissement des icônes au passage du pointeur de la souris :** Validez Agrandissement, puis faites glisser le curseur correspondant.
- **Position :** Cochez le bouton radio qui vous intéresse.

BON À SAVOIR

Ce réglage fait double emploi avec les commandes de position du sous-menu Dock.

- **Type de réduction :** Choisissez dans la liste l'effet visuel que doit produire le Dock quand vous y réduisez une fenêtre.
- **Animation à l'ouverture des applications :** Cochez pour voir les icônes des applications rebondir dans le Dock lorsque vous les lancez.
- **Masquage/affichage automatique :** Cochez pour que le Dock n'apparaisse que quand vous approchez le pointeur du bord auquel vous l'avez ancré.

Chapitre 11
Faire quelques petits réglages

L'interface du Mac est personnalisable à bien des égards, principalement via les Préférences Système, accessibles depuis le menu Pomme.
Nous nous concentrerons dans cet ouvrage sur quelques réglages de base : la date et l'heure, la luminosité de l'écran ainsi que le volume du haut-parleur.

La date et l'heure

Ces deux paramètres se règlent normalement de manière automatique. Grâce à votre connexion Internet, ces données sont réglées lors de l'installation de Mac OS X, et si le réglage automatique est activé lors de tout passage de l'heure d'hiver à l'heure d'été et vice versa.

Si, pour une raison quelconque, ce n'était pas le cas (notamment un défaut de la connexion Internet à un moment ou à un autre), il vous faudrait intervenir manuellement :

1.
Choisissez Pomme/Préférences Système ou activez l'icône correspondante du Dock.
La fenêtre de Préférences Système s'ouvre.

2.
Dans la rubrique Système, cliquez sur Date et heure.
La fenêtre Date et heure s'ouvre.

3.

Si son onglet Date et heure n'est pas affiché, activez-le.
L'onglet Date et heure s'affiche.

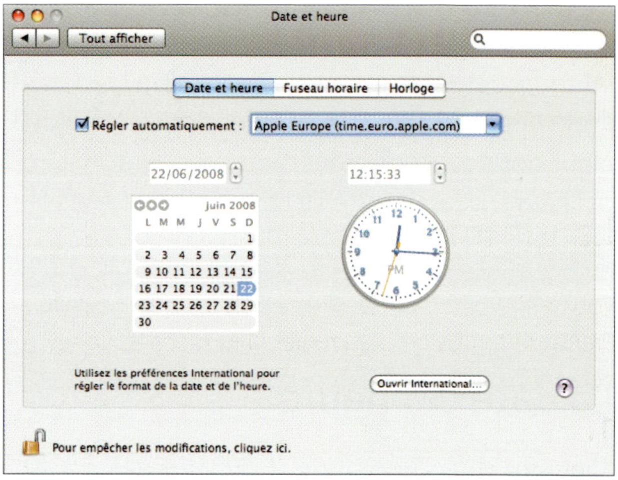

4.

Désactivez l'ocption Régler automatiquement.

5.

À gauche, corrigez la date :

- Entrez la bonne date dans le champ Date situé au-dessus du calendrier.

Ou :

- Utilisez aux mêmes fins les flèches de défilement voisines.

Ou :

- Cliquez sur la bonne date dans le calendrier.

6.

À droite, corrigez l'heure :

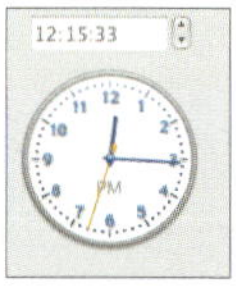

- Entrez la bonne heure dans le champ Heure situé au-dessus de l'horloge.

Ou :

- Utilisez aux mêmes fins les flèches de défilement voisines.

Ou :

- Faites glisser les aiguilles sur l'horloge.

7.

Cliquez sur Enregistrer.

8.

Réactivez l'option Régler automatiquement pour que Mac OS X utilise de nouveau la connexion Internet pour ajuster l'horloge.

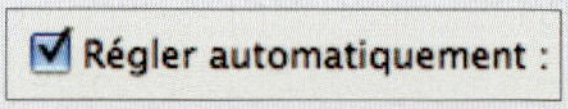

9.

Fermez la fenêtre quand vous avez terminé.

BON À SAVOIR L'onglet Horloge de la même fenêtre vous permet de demander – et de paramétrer – l'affichage de la date et de l'heure dans la partie droite de la barre des menus.

La luminosité

Vous voulez vous éviter une inutile fatigue oculaire ? Prenez le temps de bien régler la luminosité de votre écran :

1.

Choisissez Pomme/Préférences Système ou activez l'icône correspondante du Dock.

La fenêtre de Préférences Système s'ouvre.

2.

Dans la rubrique Matériel, cliquez sur Moniteurs.

La fenêtre Moniteurs s'ouvre.

3.

Si son onglet Moniteur n'est pas affiché, activez-le.

L'onglet Moniteur s'affiche.

4.

Faites glisser le curseur Luminosité jusqu'à la position souhaitée.

5.

Fermez la fenêtre quand vous avez terminé.

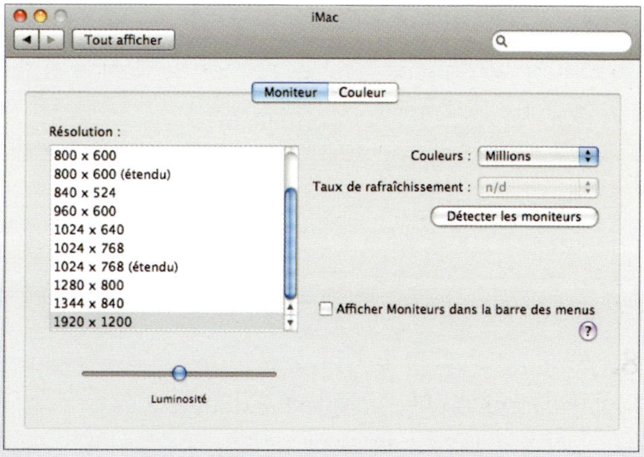

ASTUCE Les derniers modèles de clavier possèdent, aux positions F1 et F2, deux touches qui permettent de réduire et d'augmenter la luminosité directement, sans transiter par aucun menu.

Le son

Le son est important. Votre Mac produit toutes sortes d'effets sonores (quand il veut attirer votre attention, quand vous supprimez une icône du Dock, quand un mail arrive…), mais ce sont surtout les applications multimédias qui donnent au son – et partant à son réglage – toute son importance.

Via la préférence Son

1.

Choisissez Pomme/Préférences Système ou activez l'icône correspondante du Dock.
La fenêtre de Préférences Système s'ouvre.

2.

Dans la rubrique Matériel, cliquez sur Son.
La fenêtre Son s'ouvre.

3.

Si son onglet Effets sonores n'est pas affiché, activez-le.
L'onglet Effets sonores s'affiche.

4.

Faites glisser le curseur Volume de sortie jusqu'à la position souhaitée.

Cliquez sur l'icône Silence pour réduire le Mac au silence. Recliquez pour lui rendre voix au chapitre.

ASTUCE

L'option Afficher le volume dans la barre des menus vous permet d'ajouter, dans la partie droite de cette barre, le réglage du volume.

5.

Fermez la fenêtre quand vous avez terminé.

Via l'icône Son de la barre des menus

C'est simple : faites glisser la réglette.

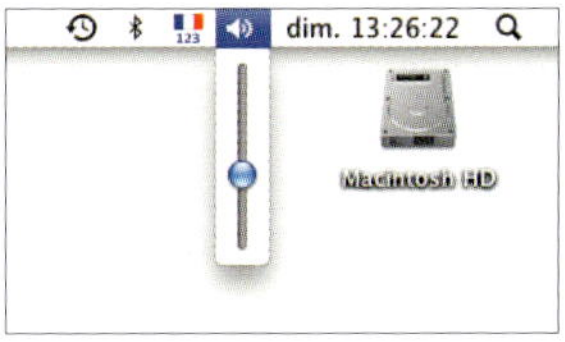

Via le clavier

Les touches de votre clavier qui représentent des haut-parleurs assurent aussi ce réglage via l'affichage d'une fenêtre très explicite. Celle de gauche diminue le son ; celle de droite l'augmente.

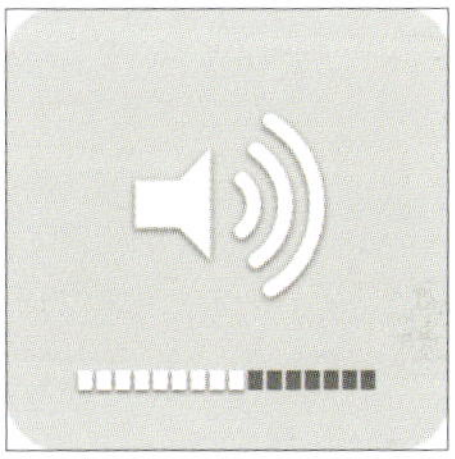

Quatrième partie

immersion totale

Chapitre 12
Dashboard

Dashboard est un programme Mac OS X dont l'unique fonction consiste à assurer l'accès, en un seul clic, à une foule de petits programmes utilitaires appelés *widgets*.
Il en existe de toutes les sortes, avec des missions diverses : calendrier, calculette, convertisseur de monnaies, prévisions météo, horloge mondiale…

BON À SAVOIR Plusieurs sont fournis d'origine ; vous en glanerez d'autres sur le site Apple, à l'adresse www.apple.com/downloads/dashboard/. L'inconvénient : à ce stade, beaucoup sont en anglais.

Activer Dashboard

C'est simple : cliquez sur l'icône Dashboard du Dock ou enfoncez la touche F12.

ATTENTION Sur les derniers modèles de clavier, les touches de fonction exigent, pour être exploitées en tant que telles, que vous enfonciez et mainteniez enfoncée la touche fn du pavé directionnel avant de les activer.

Votre écran se voile pour faire place à Dashboard et à ses widgets prédéfinis.

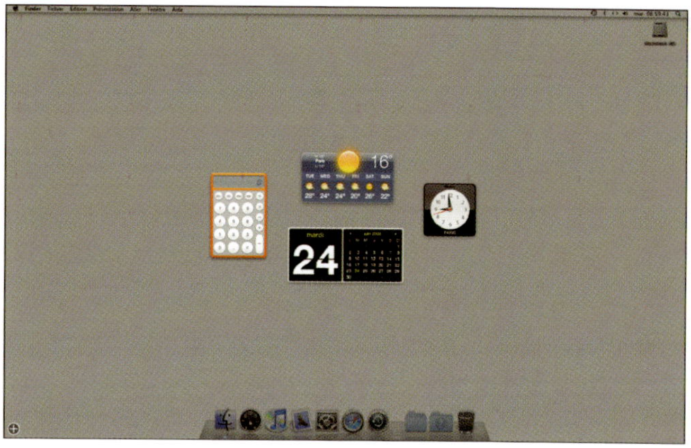

BON À SAVOIR Pour fermer Dashboard, recliquez sur la même icône ou activez la même touche, ou encore contentez-vous de cliquer n'importe où dans l'écran en dehors des widgets.

Exploiter les widgets prédéfinis

Les quatre widgets standard sont d'une utilisation élémentaire :

- **Calculette :** Elle s'emploie comme une calculette classique.

- **Calendrier :** Il affiche, à gauche, le jour courant et, à droite, un mini-calendrier par mois.

- **Horloge mondiale :** Elle vous permet de connaître l'heure d'une foule de villes importantes. Cliquez dans son angle inférieur droit. Un *i* s'affiche et fait pivoter le widget sur son axe, dévoilant deux menus, Région et Ville. Opérez-y une sélection, puis cliquez sur Terminé.

- **Weather :** Il vous propose la météo d'un grand nombre de villes de par le monde. Comme dans le cas de l'horloge, un clic en bas à droite vous donne accès à l'envers du décor. Entrez le nom d'une ville, puis choisissez-la dans la liste, optez pour Celsius ou Fahrenheit dans le menu Degrees, puis cliquez sur Done. Notez que l'option Include lows in 6-day forecast affiche les températures maximales et minimales des 6 prochains jours.

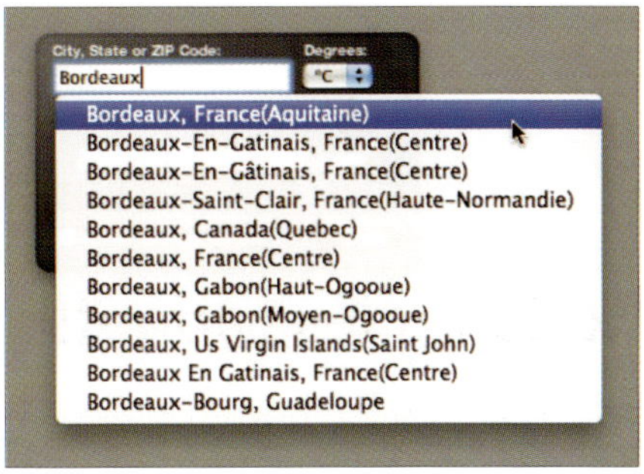

Les autres widgets fournis d'origine (que vous allez apprendre à ouvrir) ainsi que ceux que vous trouverez sur le Net sont, en général, d'une utilisation assez simple. C'est d'ailleurs le principe même de ces mini-utilitaires qui se veulent à la fois pratiques et immédiats.

Gérer les widgets

C'est la barre des widgets qui vous assure l'accès à tous les widgets livrés d'origine.

Afficher la barre des widgets

Pour l'ouvrir, cliquez sur le bouton + qui, dès le lancement de Dashboard, s'affiche en bas à gauche de votre écran.

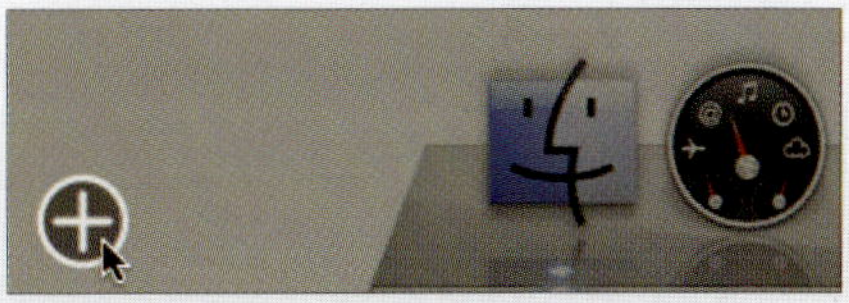

La barre s'affiche, dévoilant les widgets disponibles.

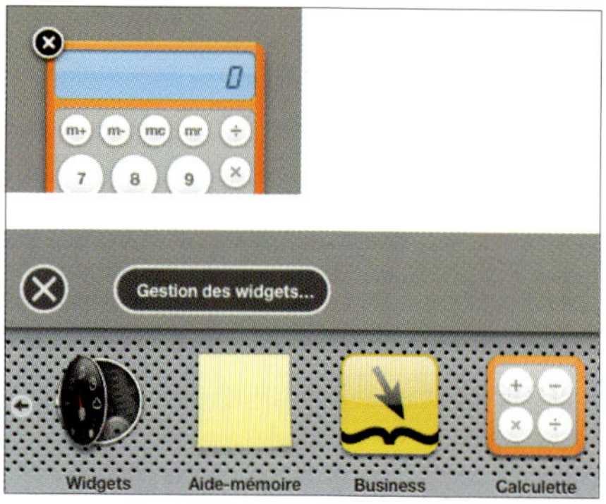

De plus, les widgets actifs au niveau du Bureau se dotent d'une case de fermeture, et un bouton Gestion des widgets fait son apparition en bas à gauche.

BON À SAVOIR Si cette barre compte plus de widgets que la largeur de votre écran ne peut en afficher, un bouton-flèche situé à l'extrême droite vous permet d'accéder à la suite.

Pour refermer la barre des widgets, c'est le même bouton + qu'il convient d'activer.

Ouvrir un widget

1.

Affichez la barre des widgets.

2.

Dans cette barre, cliquez sur le widget à ouvrir. Il s'affiche au centre de votre écran.

Ou :

Faites glisser le widget à ouvrir depuis la barre des widgets vers l'endroit de votre écran où vous souhaitez qu'il figure.

BON À SAVOIR Tous les widgets qui sont ouverts lorsque vous désactivez Dashboard restent ouverts ; vous les retrouverez donc là où vous les aurez laissés à la prochaine activation du programme.

ASTUCE Un même widget peut être ouvert plusieurs fois. Pratique ! Ainsi, si vous ouvrez plusieurs fois le widget Horloge mondiale, vous pourrez avoir sous les yeux l'heure dans différents fuseaux horaires ou la météo dans différentes villes du pays.

Déplacer un widget

Pour déplacer un widget, c'est simple : il suffit de cliquer n'importe où dans sa fenêtre et de le faire glisser vers un nouvel emplacement.

Fermer un widget

La technique diffère selon que la barre des widgets est affichée ou pas.

- **Si elle l'est :** Cliquez dans la case de fermeture du widget.

- **Si elle ne l'est pas :** Enfoncez la touche Option et maintenez-la enfoncée. Tous les widgets actifs affichent alors une case de fermeture ; cliquez dans cette case.

Personnaliser Dashboard

Vous pouvez personnaliser la liste des widgets de Dashboard en activant ou en désactivant des widgets via le gestionnaire correspondant.

1.

Activez la barre des widgets.

2.

Cliquez sur le bouton Gestion des widgets.
La fenêtre du gestionnaire s'ouvre.

3.

Cochez les widgets à activer (ils font leur apparition dans la barre).

4.

Décochez les widgets à désactiver (ils disparaissent de la barre).

5.

Fermez le gestionnaire quand vous avez terminé.

BON À SAVOIR Le bouton Plus de widgets ouvre Safari à la page Internet du site Apple qui leur est consacrée, depuis laquelle vous pouvez télécharger d'autres widgets.

Chapitre 13
Exposé

À ce stade, vous savez que vous pouvez exécuter plusieurs programmes à la fois, ouvrir plusieurs fichiers simultanément, sans parler des fenêtres Finder que vous pouvez déployer à l'envi. Le risque d'encombrer votre espace de travail est donc bien réel. C'est pour vous aider à éviter cet écueil que Mac OS X met à votre disposition Exposé.

Prenons une situation de départ :

Sur les derniers modèles de clavier, les touches de fonction exigent, pour être exploitées en tant que telles, que vous enfonciez et mainteniez enfoncée la touche fn du pavé directionnel avant de les activer.

F9

Cette touche visualise toutes les fenêtres ouvertes de tous les programmes ouverts. Elle les présente sous la forme de vignettes sans chevauchement.

Il suffit alors de cliquer dans la fenêtre que vous désirez activer.

BON À SAVOIR Pour désactiver Exposé sans activer de fenêtre particulière, enfoncez de nouveau la touche F9.

ASTUCE Si vous avez du mal à identifier telle ou telle fenêtre, laissez-y stationner votre pointeur : son fond vire au bleu et une info-bulle vous signale alors de quelle fenêtre il s'agit.

BON À SAVOIR Les nouveaux claviers en alu anodisé proposent une touche réservée à cette fonction d'Exposé, la touche F3.

F10

F10 fait la même chose que F9, mais limite son action aux fenêtres d'un programme spécifique : celui qui est actif à l'appel de la commande.

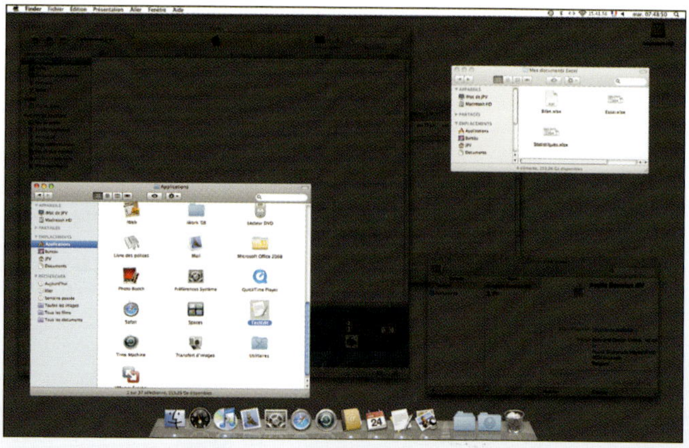

Ici aussi, un clic suffit à activer l'une ou l'autre des fenêtres ainsi présentées.

BON À SAVOIR Pour désactiver Exposé sans activer de fenêtre particulière, enfoncez de nouveau la touche F10.

F11

Cette troisième et dernière touche masque provisoirement toutes les fenêtres ouvertes de tous les programmes ouverts pour ne laisser apparaître que le Bureau.

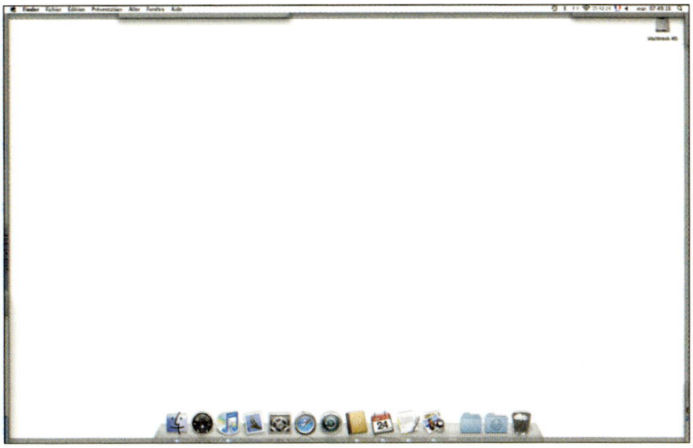

Cliquez dans la bordure grisée qui suit le pourtour de votre écran pour rétablir l'affichage classique.

Chapitre 14
Spotlight

Il vous arrivera, comme à tout le monde, d'égarer un fichier ou un dossier. Comment remettre rapidement la main dessus ? Le plus simple consiste sans doute à appeler le moteur de recherche Spotlight à la rescousse.

Lancer une recherche

1.

Cliquez sur l'icône Spotlight située à l'extrémité droite de la barre des menus.

Le champ de recherche Spotlight s'affiche.

2.

Saisissez l'objet de votre recherche.

Dès que vous commencez à taper, Spotlight se met au travail : les résultats commencent à apparaître en même temps que vous tapez. Ils s'affichent dans un menu que le programme déroule sous son champ de recherche.

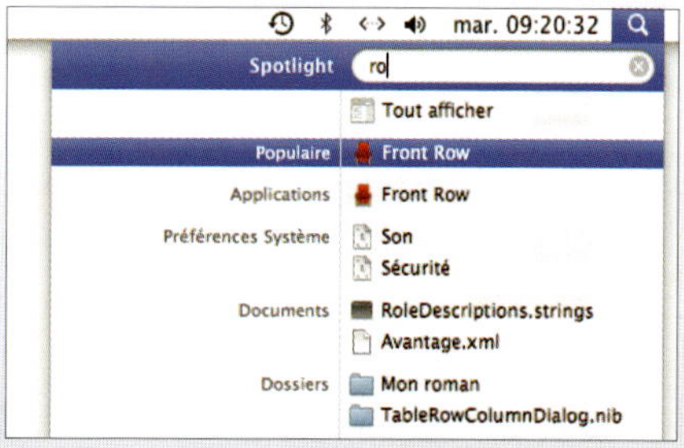

3.

Cliquez sur la commande Tout afficher située en tête de menu pour ouvrir une fenêtre Recherche, qui répertorie la totalité des éléments trouvés.

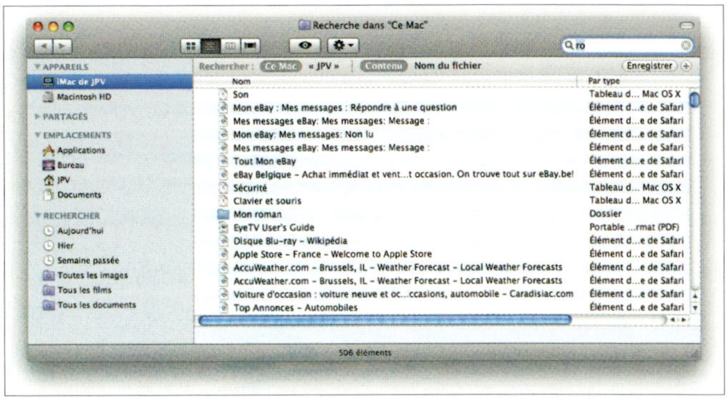

BON À SAVOIR Vous pouvez parvenir au même résultat en vous exprimant directement dans le champ Recherche de n'importe quelle fenêtre Finder.

Exploiter les résultats

À vous de voir ce que vous souhaitez faire des résultats de la procédure :

- **Pour ouvrir un élément trouvé :** Cliquez dessus depuis le menu Spotlight ou double-cliquez dessus depuis la fenêtre Recherche.
- **Pour connaître l'emplacement d'un élément trouvé :** Sélectionnez-le depuis la fenêtre Recherche et consultez la barre du chemin d'accès.

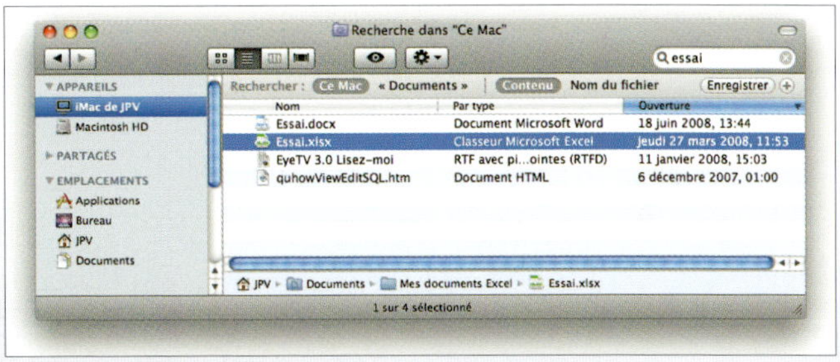

- **Pour ouvrir le dossier dans lequel se trouve l'élément trouvé :** Sélectionnez l'élément dans la fenêtre Recherche, puis double-cliquez sur le dossier situé juste à gauche du nom de l'élément dans la barre du chemin d'accès.

Cinquième partie

arpenter le Web

Chapitre 15
Préparer le terrain

Internet est un réseau informatique mondial qui permet de faire communiquer des ordinateurs à travers le monde et de proposer aux utilisateurs une interface unique, facile à piloter.

Savoir de quoi il retourne

Le World Wide Web – le *Web* pour faire court – est un des services d'Internet. C'est un maillage (une *toile*) de serveurs d'informations qui permet de naviguer par simples clics sur des centaines de millions de pages qui abordent tous les sujets possibles et imaginables (encyclopédies, dictionnaires, recherche, vie pratique, loisirs...).

BON À SAVOIR Il existe d'autres services Internet, comme la messagerie électronique ou les forums. Le *mail* fera l'objet de la partie suivante.

S'équiper

Pour gagner le Web, vous avez besoin de quatre choses :

- un ordinateur ;
- un navigateur ;
- un modem ;
- et un fournisseur d'accès Internet (FAI).

Le modem

Le rôle du modem est de permettre aux signaux de transiter d'un ordinateur à un autre.

Sur la plupart des modèles commercialisés aujourd'hui (type câble, ADSL ou satellitaire), la connexion se fait à haut débit pour que vous puissiez surfer dans de bonnes conditions.

Ces modèles sont externes, logés dans un boîtier équipé de témoins qui traduisent le statut du modem (branché, connecté, en train d'échanger des données…).

Le fournisseur d'accès

Les modems à haut débit se vendent partout ; ils sont parfois loués, voire offerts par le fournisseur d'accès. Car, quel que soit le type de modem haut débit que vous choisissiez, il vous faudra souscrire un abonnement auprès d'un fournisseur d'accès Internet. De fait, à ce stade, il ne vous manque plus que ce fameux FAI pour pouvoir, enfin, franchir les portes du cyberespace.

Comme l'offre est particulièrement vaste, informez-vous auprès de collègues ou d'amis. La concurrence est féroce ; n'hésitez pas à comparer les prix.

BON À SAVOIR En général, l'accès est illimité ; vous pouvez donc rester connecté toute la journée pour pouvoir gagner le Web chaque fois que vous le souhaitez.

Paramétrer la connexion

Une fois votre choix d'un FAI arrêté et l'abonnement souscrit, vous devez communiquer ces informations à Leopard.

En général, tout se passe pendant l'installation de Mac OS X.

Si cela n'a pas été fait, consultez l'aide à la rubrique Connexion à Internet ; elle vous dirigera vers les Préférences Réseau et vous expliquera comment agir dans cette fenêtre.

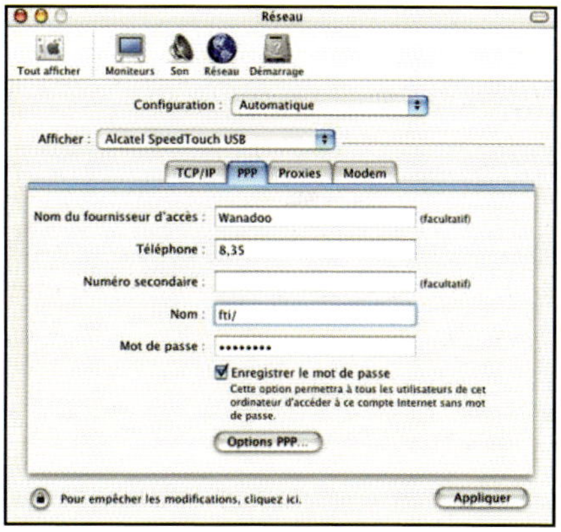

Établir la connexion

À partir du moment où il est mis en service, Leopard cherche à établir une connexion Internet. Dès qu'il en trouve une, il en informe son navigateur et établit la connexion.

Vous n'avez donc rien à faire !

Chapitre 16
Partir en Safari

C'est le navigateur d'Apple, Safari, qui vous permet d'accéder au cyberespace.

Premiers contacts

Sur le Web, les informations sont stockées à des endroits appelés *sites*. Ces sites se composent d'une ou de plusieurs *pages*.

Chaque page possède une *référence*, c'est-à-dire une adresse Web ou URL (Uniform Resource Locator), qu'il vous suffit de connaître pour atteindre la page en question.

La page sur laquelle vous échouez lorsque vous lancez votre navigateur s'appelle *page de démarrage*. Celle qui vous est proposée lorsque vous gagnez un site est appelée *page d'accueil*.

Toutes les pages comportent des mots ou des expressions soulignés et présentés en bleu : ce sont les *liens*.

Activés par clic, ils vous permettent de naviguer ou *surfer*, c'est-à-dire de voyager de page en page, de site en site, et de devenir ainsi un *internaute* ou *cybernaute*.

N'hésitez plus : lancez Safari – vous le trouverez dans le dossier Applications et dans le Dock – et échouez dans l'interface du navigateur d'Apple.

Échouer ailleurs

Si la page de démarrage activée par défaut ne vous convient pas, choisissez-en une autre : celle d'un site que vous visitez régulièrement ou, pourquoi pas ? celle de Google depuis laquelle vous pourrez mener vos recherches (voir le chapitre suivant).

1.
Gagnez la page à ériger en page de démarrage.

2.
Choisissez Safari/Préférences ou enfoncez les touches ⌘ + , (virgule).
La fenêtre des préférences de Safari s'ouvre.

3.
Si son onglet Général n'est pas affiché, activez-le.
L'onglet Général s'affiche.

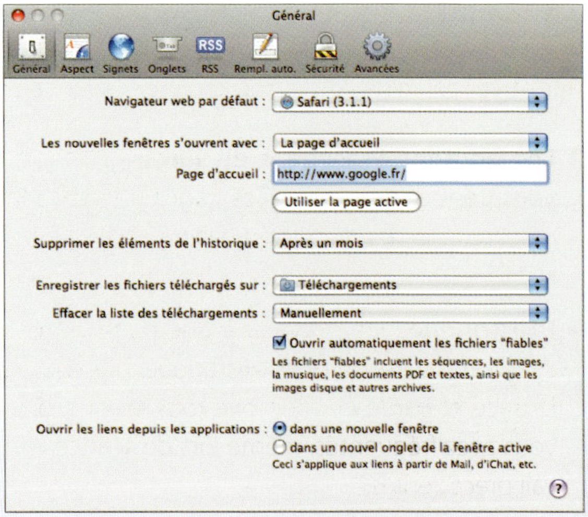

4.
Dans la rubrique Page d'accueil, cliquez sur Utiliser la page active.

5.
Fermez la fenêtre quand vous avez terminé.

ASTUCE La commande Accueil du menu Historique vous rapatriera toujours vers ce point de chute.

Surfer

Surfer, voilà exactement la fonction de Safari. Détaillons ses différents outils de navigation :

- **Les liens :** C'est la technique de navigation la plus intuitive. Cliquez sur les mots soulignés, les boutons, les images pour gagner une autre page du même site ou d'un autre (le curseur prend la forme d'une main avec l'index pointé).

BON À SAVOIR En fait, c'est l'aspect que prend votre pointeur quand il survole les éléments qui vous indique s'il s'agit ou non d'un lien : en forme de main dont l'index pointe vers le haut, oui ; sinon, non.

- **L'adresse Web :** Si vous connaissez l'adresse de la page que vous voulez visiter, tapez-la dans la case Adresse du haut de la fenêtre, puis confirmez via la touche Entrée.

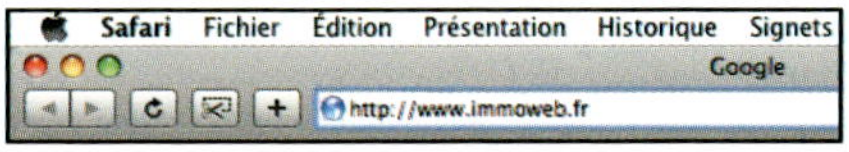

BON À SAVOIR La partie *http://* qui se trouve au début de pratiquement toutes les adresses Web est facultative ; Safari ne vous impose pas de taper ce code.

- **Les boutons Précédent et Suivant :** Le premier vous permet de revisiter les pages que vous venez de parcourir ; le second vous fait voyager dans l'autre sens.

- **L'Historique :** Pour revenir à une page visitée précédemment, recourez à l'Historique, qui vous suit à la trace et garde en mémoire tous les endroits que vous avez fréquentés, même lors de séances de travail précédentes.

Dans le menu Historique, choisissez une date pour dérouler le sous-menu correspondant et y faire un choix ou invoquez la commande Afficher tout l'historique pour présenter cet historique dans la fenêtre de Safari.

Développez les triangles et double-cliquez sur les liens pour les activer de nouveau.

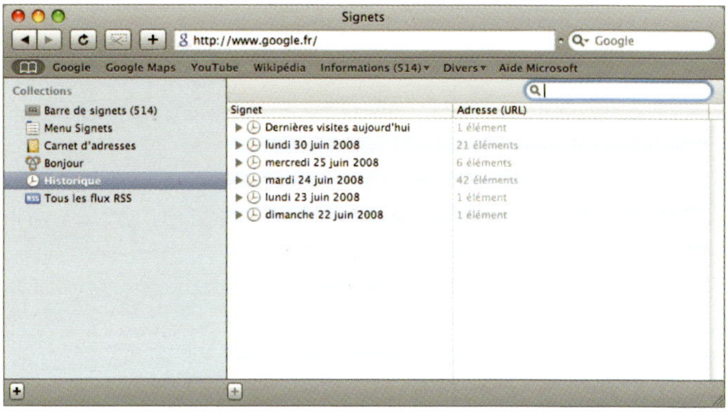

ATTENTION Pensez de temps à autre à purger grâce à la commande Effacer l'historique du menu Historique.

Utiliser un moteur de recherche

Parmi les milliards de pages que compte le Web, vous devrez, pour atteindre celles qui vous intéressent, faire appel à un *moteur de recherche*.

Qu'il s'agisse de Google (`www.google.fr`) (le plus exploité aujourd'hui), d'AltaVista (`www.altavista.fr`), d'Excite (`www.excite.fr`), de Lycos (`www.lycos.fr`) ou encore de Yahoo (`www.yahoo.fr`), le principe de ces programmes particuliers est toujours le même : vous introduisez un ou plusieurs mots clés sur la base desquels le moteur recense tous les sites sur lesquels il trouve ce que vous avez spécifié.

Dans la pratique, avec Google :

1.

Accédez à Google via l'adresse `www.google.fr`.

ASTUCE Pour agir plus rapidement, utilisez aux mêmes fins la case de recherche qui occupe l'extrémité droite de la barre d'outils.

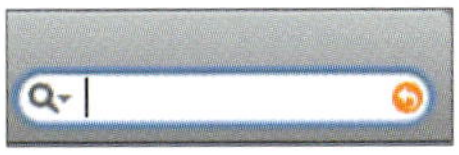

2.

Entrez l'objet de votre recherche dans la case d'édition de la fenêtre de Google ou celle de la barre d'outils.

Bon à savoir :

- **Évitez tout ce qui n'est pas significatif :** Les termes *le*, *de*, *mais*, *avec* sont inutiles, par exemple.
- **Placez entre guillemets ce qui doit être traité globalement :** Ainsi, *vacances Poitou* renverra à tout ce qui concerne et les vacances et le Poitou, tandis que « *vacances Poitou* » limitera la recherche aux séjours en Poitou.

3.

Enfoncez la touche Entrée pour lancer la recherche.

Les résultats s'affichent sous forme de liste avec, pour chaque occurrence (hit en anglais), un descriptif succinct du contenu du site correspondant.

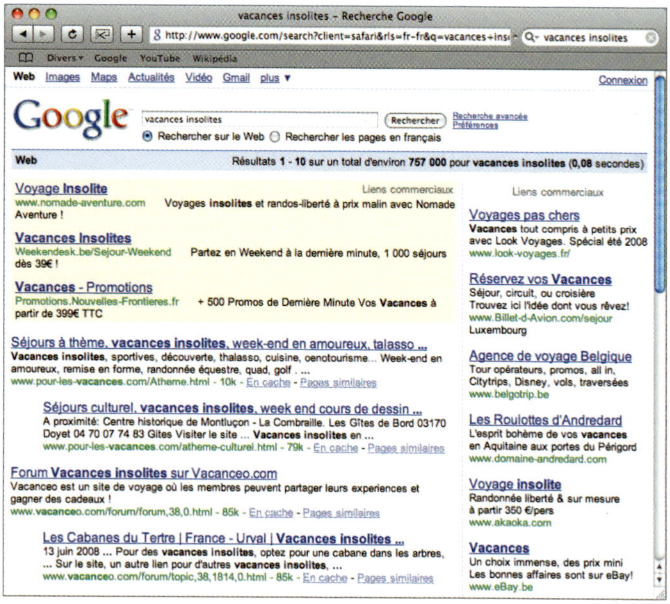

4.

Parcourez ces résultats jusqu'à trouver ce que vous cherchez. Sinon, recommencez en vous exprimant différemment.

Chapitre 17
Mettre des signets

Marquez par des signets les pages Web que vous aurez envie de revisiter, exactement comme vous le feriez pour un livre.

Placez ces signets :

- **Dans la barre de signets :** Elle court sous la barre d'outils.

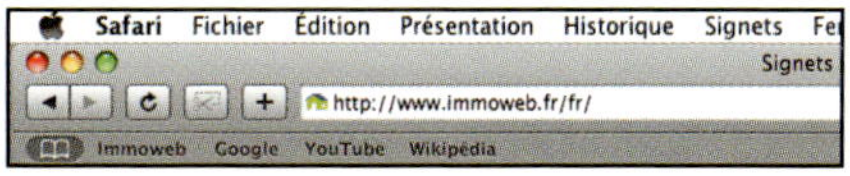

- **Dans le menu Signets :** Ils apparaissent alors dans la partie inférieure du menu.

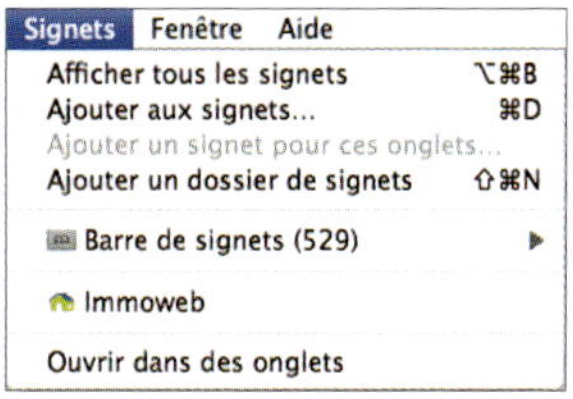

Ajouter

La marche à suivre pour ajouter un signet :

1.

Gagnez la page Web à marquer d'un signet.

2.

Choisissez Signets/Ajouter aux signets ou enfoncez les touches ⌘ + D.

ASTUCE Plus rapide, l'icône Ajouter un signet pour la page active de la barre d'outils.

La fenêtre d'ajout de signet s'affiche.

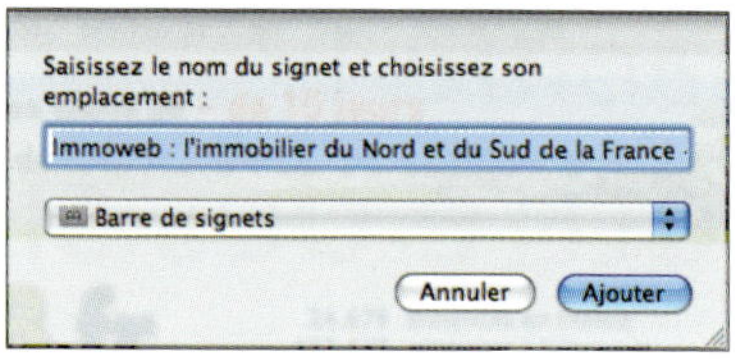

3.

Entrez le nom que vous souhaitez donner au signet dans la case d'édition du haut.

4.

Optez pour la barre des signets ou pour le menu Signets dans le menu local du bas.

5.

Cliquez sur Ajouter.

BON À SAVOIR Si l'ordre dans lequel les signets s'affichent dans la barre ne vous convient pas, modifiez-le : une fois encore, tout se fait par cliquer-glisser.

Atteindre

Pour gagner une page marquée par un signet, c'est simple :

- **Si vous avez ajouté le signet à la barre de signets :** Cliquez dessus.
- **Si vous l'avez ajouté au menu Signets :** Sélectionnez-l'y comme s'il s'agissait d'une commande classique.

Supprimer

La technique varie selon l'emplacement du signet :

- **S'il se trouve dans la barre de signets :** Faites-le tout simplement glisser vers le bas, dans la fenêtre principale du programme. Il disparaît dans un nuage.

- **S'il se trouve dans le menu Signets :** Validez d'abord la commande Afficher tous les signets du menu Signets. Safari s'exécute.

Cliquez sur le signet à supprimer, puis enfoncez la touche Suppr. ou Retour arrière. Et le tour est joué !

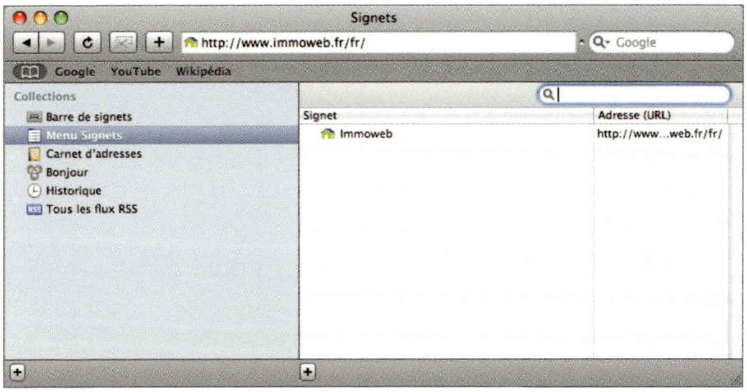

Chapitre 18
Traiter les pages Web

Les quatre manipulations que vous serez sans doute amené à faire sont : recharger, enregistrer, envoyer par mail et imprimer.

Recharger

Si la page active semble souffrir de problèmes d'affichage (les images, par exemple, n'apparaissent pas), rechargez-la via la commande Recharger la page (⌘ + R) du menu Présentation ou son équivalent en barre d'outils.

BON À SAVOIR Cette pratique vous permet en outre d'obtenir la dernière mise à jour de la page courante. C'est utile sur les sites où les informations sont fréquemment renouvelées.

Enregistrer

Les techniques varient selon les éléments que vous souhaitez enregistrer :

- **Un passage de texte :** Opérez par copier-coller.

- **Une image :** Faites glisser l'image sur le Bureau.

Le fichier image en question échoue là où vous l'avez déposé.

- **Un lien :** Faites glisser le lien sur le Bureau.

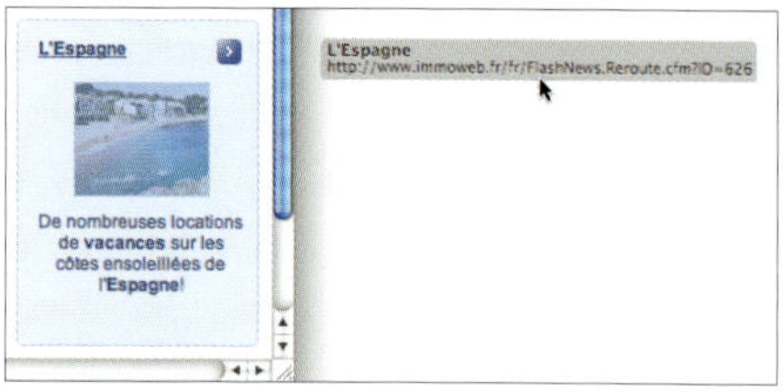

Le fichier Web en question échoue là où vous l'avez déposé.

BON À SAVOIR Vous pouvez, par double-clic sur cette icône, lancer Safari et l'ouvrir à la page concernée.

- **Une page Web entière :** Choisissez Fichier/Enregistrer sous (⌘ + S). Dans la fenêtre correspondante, commencez, dans la case Exporter comme, par donner un nom à la page, puis désignez, grâce au menu Où, l'endroit où vous voulez la stocker. Enfin, assurez-vous que le menu Format indique bien Archive Web pour que toutes les images de la page soient enregistrées et que tous ses liens continuent à fonctionner, pour autant que les pages Web de destination soient disponibles. Après quoi il ne vous reste plus qu'à cliquer sur Enregistrer.

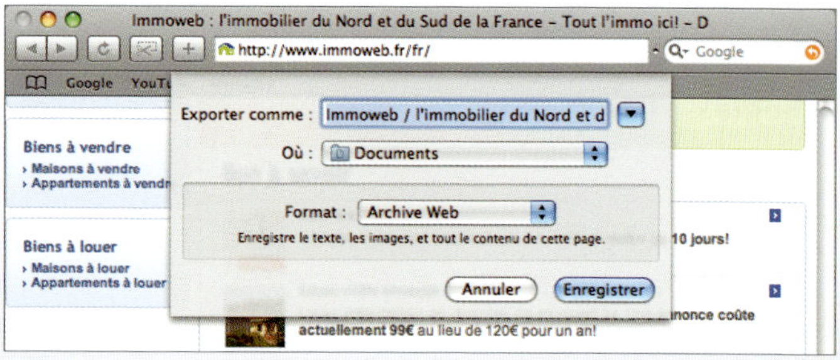

Envoyer par mail

Deux possibilités d'envoi par courrier électronique s'offrent à vous :

- **Envoyer la page entière :** Validez la commande Envoyer le contenu de cette page par courrier électronique du menu Fichier (⌘ + I).
- **Envoyer le lien :** Validez, dans le même menu, la commande Envoyer un lien vers cette page par courrier électronique (⌘ + Majuscule + I).

Imprimer

C'est comme d'habitude la commande Imprimer du menu Fichier qui s'y colle.

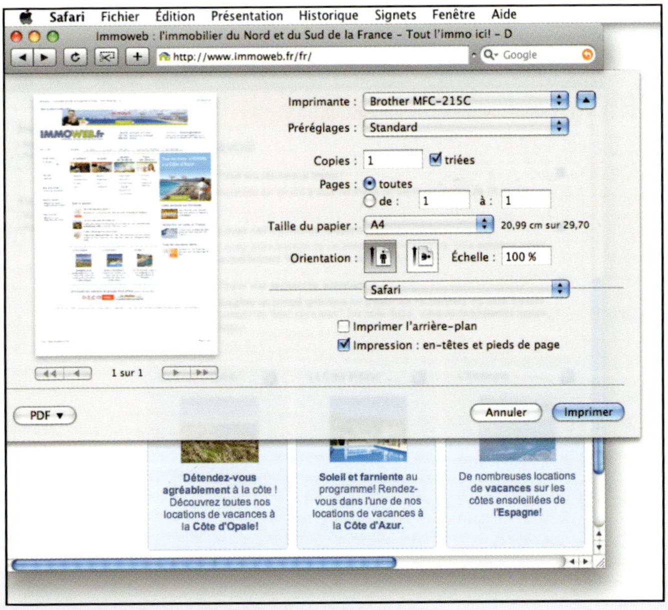

Les deux options du bas de la fenêtre sont propres à Safari et aux pages Web :

- **Imprimer l'arrière-plan :** Pour inclure l'image d'arrière-plan.
- **Impression : en-têtes et pieds de page :** Pour inclure l'adresse Web et la date.

ATTENTION

L'impression des pages Web n'est pas toujours convaincante. En effet, il arrive régulièrement que la marge droite tronque la fin des lignes et que les caractères soient difficilement lisibles tant ils sont petits. Le plus pénalisant, ce sont sans doute toutes ces pubs qui vident vos cartouches d'encre en un rien de temps.

Sixième partie

des mails à tout berzingue

Chapitre 19
Se mettre en condition

Il est impératif, avant de commencer, de vous constituer ce qu'il est convenu d'appeler un *compte de messagerie*.

Configurer un compte

Pour configurer un compte Mail, vous allez devoir fournir les infos suivantes :

- votre adresse de messagerie ;
- le type de serveur de messagerie pour le courrier entrant (généralement POP3) ;
- le type de serveur de messagerie pour le courrier sortant (généralement SMTP).

Ces données vous auront été communiquées au préalable par votre FAI (Chapitre 15). Ayez-les donc à portée de main, puis lancez-vous. C'est un peu long, mais c'est très simple.

BON À SAVOIR Dans toutes les fenêtres qui vont suivre, un bouton Aide (placé en bas à gauche) vous permet à tout moment d'accéder à une aide circonstanciée.

1.

Lancez Mail depuis le dossier Applications ou depuis le Dock.

La fenêtre Bienvenue dans Mail s'affiche.

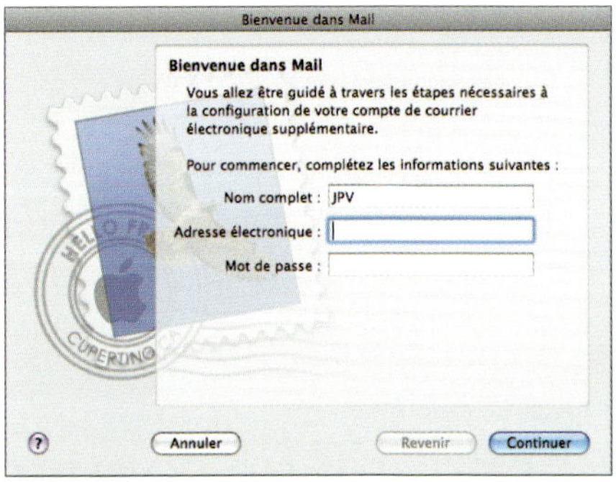

2.

Entrez l'adresse de messagerie que vous a attribuée votre FAI dans la case Adresse électronique.

3.

Entrez la clé d'accès que votre FAI lui a assortie dans la case Mot de passe.

4.

Cliquez sur Continuer.

La fenêtre Serveur de réception s'affiche.

5.

Entrez les données relatives au serveur de courrier entrant communiquées par votre FAI dans la case Serveur de réception.

Le programme vérifie la donnée, puis vous rend la main.

6.

Cliquez sur Continuer.

La fenêtre Serveur d'envoi s'affiche.

7.

Entrez les données relatives au serveur de courrier sortant communiquées par votre FAI dans la case Serveur d'envoi.

Le programme vérifie la donnée, puis vous rend la main.

8.

Cliquez sur Continuer.

La fenêtre Résumé du compte s'affiche. Elle reprend toutes les informations relatives au compte de messagerie que vous venez de paramétrer.

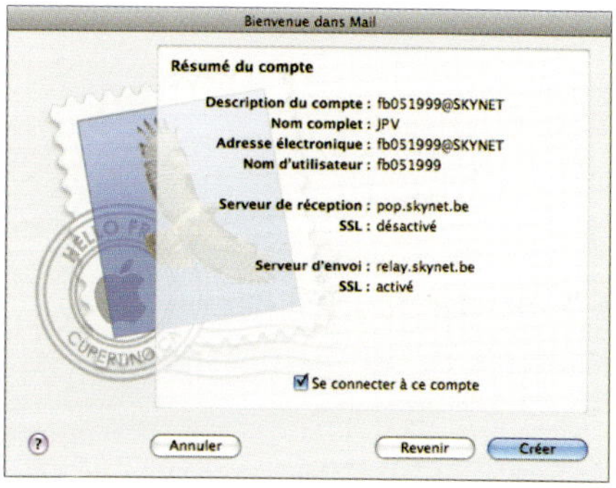

9.

Cliquez sur Créer.

Le programme crée le compte de messagerie, ouvre sa fenêtre principale et… relève le courrier ! Le nombre de messages non lus qui vous ont été adressés s'affiche dans l'icône du Dock.

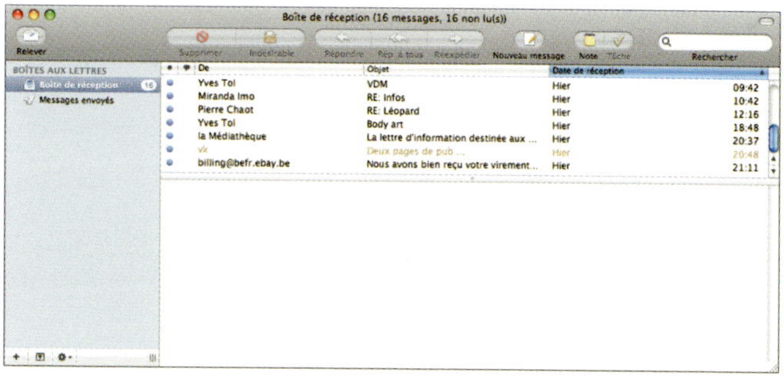

Réglez vos comptes !

En menant à son terme la procédure décrite ci-dessus, vous avez configuré un compte de messagerie.

Mais sachez qu'il est possible, à condition d'en avoir au préalable fait la demande auprès de votre prestataire, d'en configurer plusieurs, par exemple pour que les différents membres de votre famille disposent chacun de leur propre compte.

C'est la commande Ajouter un compte du menu Fichier qui se charge de vous ouvrir une fenêtre baptisée fort à propos Ajouter un compte, à partir de laquelle vous recommencez la procédure décrite ci-dessus, mais pour un autre utilisateur du Mac.

Se repérer

Découvrez sans tarder l'interface de Mail.

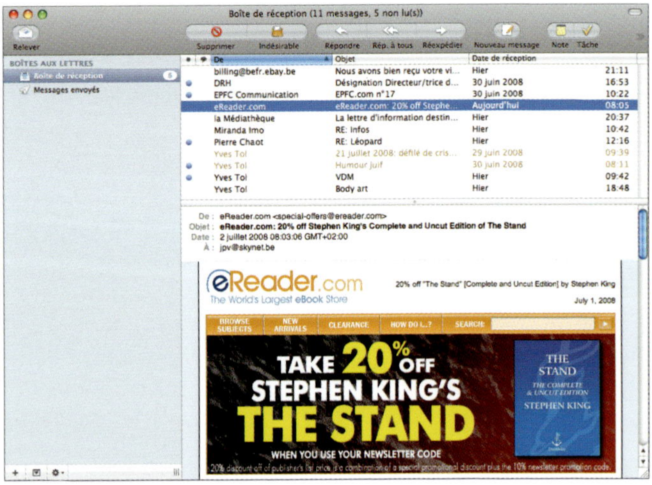

Cette fenêtre se divise en trois volets :

- **À gauche, le volet des boîtes aux lettres et autres dossiers :** C'est l'espace où Mail classe méthodiquement ses petites affaires.

  Vous y retrouvez notamment :

  - **la Boîte de réception** pour les messages reçus ;
  - **la Boîte d'envoi** pour les messages en cours d'envoi ;
  - **le dossier Messages envoyés** pour les copies des messages que vous avez envoyés ;
  - **la Corbeille** pour les messages supprimés ;
  - **le dossier Brouillons** pour les messages en attente d'expédition.

ATTENTION Certaines boîtes ne s'ajoutent que lorsque vous exploitez une fonctionnalité pour la première fois.

- **À droite en haut, la fenêtre de messagerie :** Elle affiche le contenu de l'élément sélectionné à gauche.

  S'il s'agit de la Boîte de réception, les messages lus et non lus sont présentés sous forme de liste, les non-lus étant marqués d'une puce.

Certains sont affichés en brun : ce sont ceux que le programme juge suspects et marque dès lors comme indésirables.

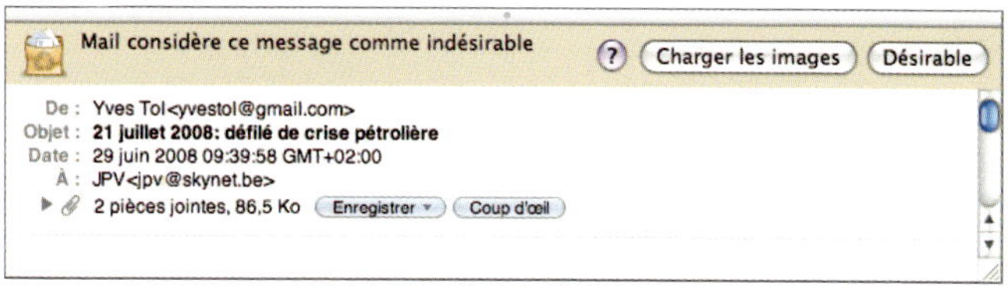

Les en-têtes de colonnes sont autant de clés de tri : inversez l'ordre de tri en cliquant sur le triangle ; choisissez une autre clé en cliquant sur l'en-tête de la colonne correspondante.

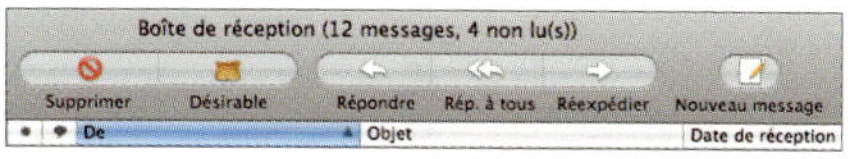

- **À droite en bas, la fenêtre de visualisation :** Elle affiche le contenu du courrier sélectionné au-dessus.

Par cliquer-glisser sur le trait qui sépare la zone de messagerie de la zone de visualisation, vous pouvez régler l'importance que vous voulez donner à chacune d'elles, sachant que plus celle du haut est large, plus celle du bas est étroite et inversement.

Choisir une adresse plus explicite

Les adresses de messagerie fournies par les FAI ne sont pas très parlantes (du style fb051999@hotmail.com).

Pour leur préférer une adresse plus explicite (du genre antoinehéraut@hotmail.com), vous devez agir au niveau des préférences de Mail.

1.

Choisissez Mail/Préférences ou enfoncez les touches ⌘ + , (virgule).

La fenêtre des préférences de Mail s'ouvre.

2.

Si son onglet Comptes n'est pas affiché, activez-le.

3.

Si son volet Informations du compte n’est pas affiché, activez-le.

Le volet Informations du compte de l’onglet Comptes s’affiche.

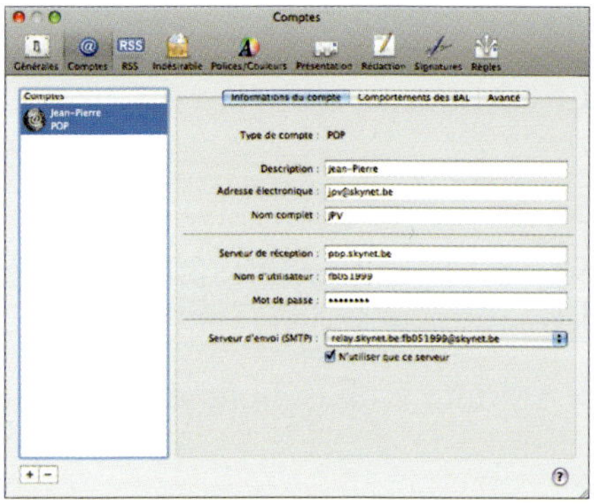

4.

Modifiez la première partie de votre adresse électronique (celle située à gauche du signe @) dans la case du même nom).

5.

Fermez la fenêtre quand vous avez terminé.

Chapitre 20

Relever le courrier

Chaque fois que vous le mettez en service, Mail commence spontanément par aller voir s'il y a du courrier.

Si vous le laissez ouvert avec une connexion Internet active, il émet un signal sonore chaque fois qu'un mail arrive, et met à jour en conséquence le compteur des mails non lus qu'il affiche dans l'angle supérieur droit de son icône du Dock.

Lire un mail

C'est élémentaire :

1.

Par clic, sélectionnez à gauche votre Boîte de réception.

Son contenu s'affiche à droite.

2.

Par clic, sélectionnez à droite le message à lire.

Il s'affiche instantanément dans le volet du bas.

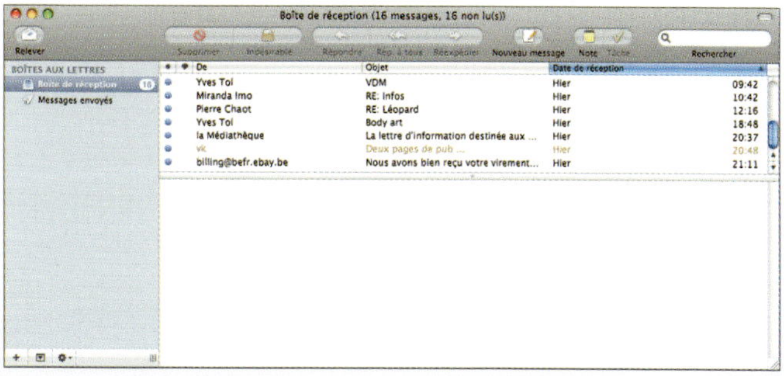

ASTUCE Vous préférez l'ouvrir dans sa propre fenêtre ? Remplacez le clic par un double-clic.

ASTUCE Si les caractères sont trop petits, choisissez Format/Style/Plus grand.

Le spam, vous connaissez ?

Le *spamming*, c'est le bombardement intempestif des boîtes aux lettres électroniques par des messages non sollicités de toutes sortes, publicitaires et autres.

Spam, courrier-rebut, courrier indésirable, pourriel sont autant de synonymes pour désigner ces communications promotionnelles qui envahissent votre Boîte de réception.

Le mieux à faire : ignorer le contenu de ces messages et ne jamais cliquer sur les liens associés.

Régler le sort des intrus

Comme vous le savez, Mail marque comme indésirables les courriers qui lui paraissent suspects.

Vous pouvez réagir à ces courriers de deux manières différentes, selon qu'ils sont épinglés indésirables à tort ou à raison.

- **À tort :** Commencez par cliquer sur le bouton Désirable de la barre d'outils ou du bandeau.

  Pensez ensuite, pour que le problème ne se pose plus, à ajouter l'expéditeur au programme Carnet d'adresses via la commande Ajouter l'expéditeur au Carnet d'adresses du menu Message.

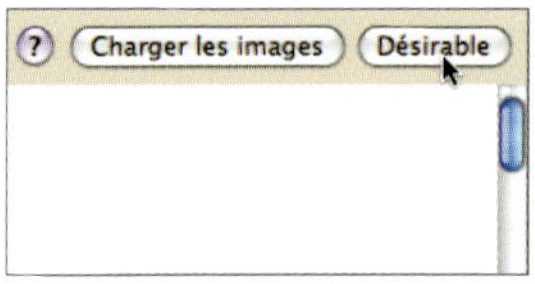

BON À SAVOIR

Utilitaire intégré à Mail ainsi qu'à d'autres applications, ce Carnet est un moyen simple et efficace de consigner les coordonnées de vos parents, amis, collègues… Vous le trouverez, bien entendu, dans le dossier Applications.

- **À raison :** Le mieux, dans ce cas, consiste à essayer de décourager l'expéditeur du mail indésirable en le lui renvoyant (à condition – bien entendu – que l'adresse de retour soit valide). Pour ce faire, sélectionnez-le dans votre Boîte de réception, puis invoquez la commande Renvoyer du menu Message (⌘ + Majuscule + B).

Gérer les pièces jointes

Certains mails vous parviennent accompagnés d'autres fichiers (photo, vidéo, texte...). On parle de *pièces jointes*.

L'en-tête du message vous en apprend plus au sujet de ces pièces : un trombone indique la présence de pièces jointes ; suivent alors des infos relatives à leur nombre et à leur taille.

Cliquez sur le triangle et vous verrez la ou les icônes des fichiers joints.

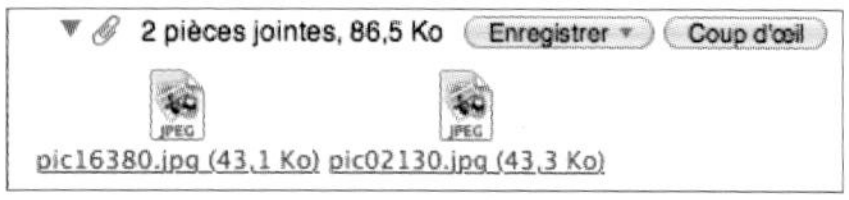

Afficher

Pour visualiser une pièce jointe, sachez d'abord que :

- **Si la pièce jointe est une image :** À condition d'être au format JPEG ou GIF, elle s'affiche dans le volet du bas, dans le corps du message. Aucune manipulation n'est donc requise pour la visualiser.
- **Si la pièce jointe n'est pas une image :** Elle ne s'affiche pas ; seule son icône est présentée. Pour la visualiser, cliquez sur le bouton Coup d'œil.

Dans tous les cas, ce Coup d'œil vous permet de jeter un œil sur les différentes pièces jointes d'un message. Il ouvre en effet une fenêtre de visualisation dotée, dans sa partie inférieure, d'un bandeau de commande relativement explicite.

Quand vous avez vu ce que vous vouliez voir, cliquez en haut à gauche dans la case de fermeture de la fenêtre.

Ouvrir

Pour ouvrir une pièce jointe, il suffit de double-cliquer sur son icône depuis l'en-tête ou depuis le volet de visualisation.

ASTUCE Dans le cas des images, cliquez sur leur icône dans l'en-tête ou double-cliquez sur l'image proprement dite dans le corps du message.

Si aucun programme se trouvant sur votre Mac n'est capable d'ouvrir la pièce en question, demandez à l'auteur du message de vous la réexpédier dans un autre format.

ATTENTION N'ouvrez que les pièces jointes dont vous connaissez la provenance. Pour les autres, faites preuve d'une extrême prudence.

Enregistrer

Il est possible d'enregistrer les pièces jointes sur votre disque dur :

- **Une pièce :** Déroulez le menu local Enregistrer de l'en-tête et choisissez-y la pièce à traiter.

Dans la fenêtre d'enregistrement qui s'ouvre après sélection, donnez à la pièce un nom (par défaut, son nom d'origine) et une destination (par défaut, le dossier Téléchargements, repris en pile dans le Dock).

- **Toutes les pièces :** Agissez au même endroit mais préférez cette fois la commande Tout enregistrer.

  Dans la fenêtre correspondante, choisissez une destination, puis cliquez sur Enregistrer.

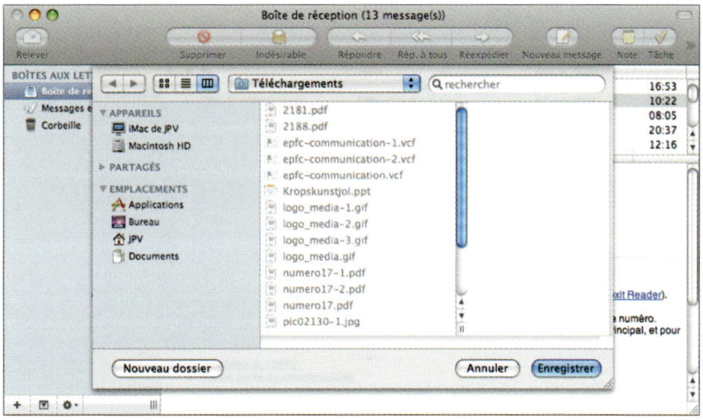

ASTUCE Vous pouvez aussi faire glisser les icônes des pièces depuis la fenêtre du message vers le Bureau de Leopard.

Traiter les messages lus

Quand vous avez pris connaissance du contenu d'un message, vous pouvez décider de son sort : répondre, faire suivre, imprimer, supprimer... ou ne rien faire du tout, auquel cas le message reste dans votre Boîte de réception jusqu'à ce que vous statuiez sur son sort.

- **Répondre :** Cliquez sur le bouton Répondre de la barre d'outils ou choisissez la commande Répondre à l'expéditeur du menu Message (⌘ + R).

  Une fenêtre de rédaction préadressée s'affiche. En effet, Mail remplit les champs À (l'expéditeur auquel vous souhaitez répondre) et Objet (l'objet original précédé de la mention *Re* pour *Réponse*), et recopie le message original à titre de rappel pour le correspondant.

  Intervenez dans cette fenêtre comme vous le feriez dans celle d'un nouveau message, puis procédez à l'envoi (voir le chapitre suivant).

ASTUCE Le bouton Rép. à tous et la commande correspondante Répondre à tous du menu Message (⌘ + Majuscule + R) vous permettent de faire parvenir votre réponse à tous les destinataires d'un message envoyé en Cc (voir le chapitre suivant).

- **Faire suivre :** Utilisez à cette fin le bouton Réexpédier ou la commande équivalente du menu Message (⌘ M + Majuscule + F) et introduisez l'adresse du ou des nouveaux destinataires. Rien ne s'oppose à ce que vous ajoutiez du texte si le cœur vous en dit. Procédez ensuite à l'expédition (voir aussi le chapitre suivant).

Réexpédier

- **Imprimer :** La commande Imprimer classique du menu Fichier assure l'impression des mails.
- **Supprimer :** Icône Supprimer, commande Édition/Supprimer et raccourci clavier ⌘ + Retour arrière sont autant de techniques qui vous aident à faire le ménage. Le message ainsi banni est déplacé vers la Corbeille. Vous pouvez l'y récupérer si vous avez des remords.

Supprimer

ATTENTION Pensez malgré tout à vider de temps en temps la Corbeille grâce à la commande BAL/Éliminer les messages supprimés.

Chapitre 21
Faire son courrier

Si Mail vous permet de recevoir des messages, il vous permet aussi d'en envoyer. Ne vous en privez pas !

Validez la commande Nouveau message du menu Message ou, plus simplement, cliquez sur le bouton Nouveau message de la barre d'outils. Instantanément, le programme vous ouvre une fenêtre Nouveau message, prête à l'emploi.

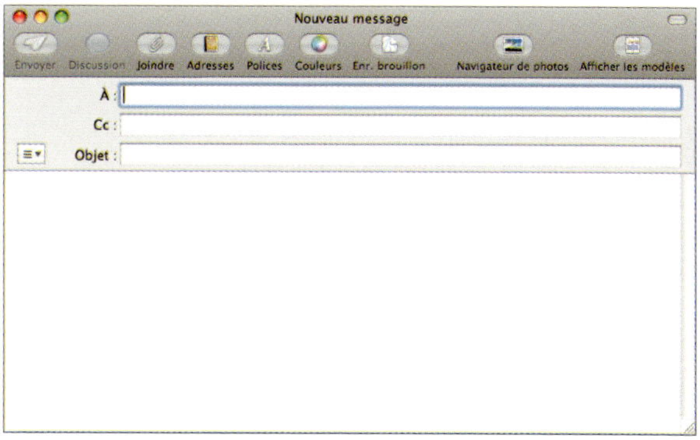

Fournir les infos requises

Commencez par introduire les infos nécessaires avant de pouvoir vous concentrer sur l'essentiel, le texte du message.

- **Champ À :** Spécifiez-y le destinataire en tapant son adresse.

ASTUCE

Mail mémorise les adresses. La prochaine fois que vous écrirez à la même personne, vous n'aurez qu'à taper le début de son adresse : le programme la complétera pour vous.

Vous pouvez aussi choisir une adresse dans la liste d'adresses, une liste qui reprend les entrées du fameux Carnet du même nom. Pour ce faire, activez le bouton Adresses de la barre d'outils et, dans la liste que vous propose cette fenêtre, cliquez deux fois sur le destinataire de votre choix. Son adresse s'affiche alors dans la case À.

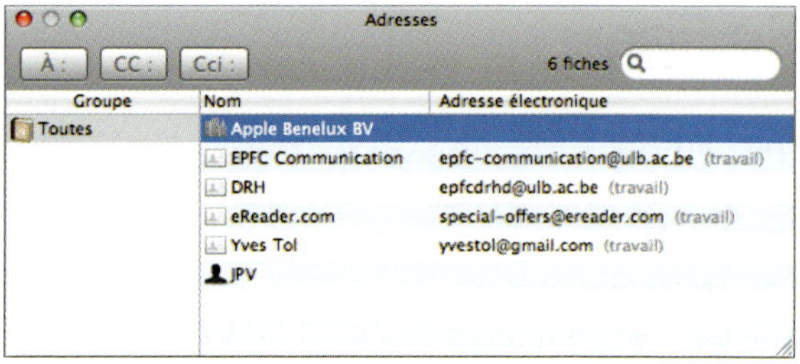

BON À SAVOIR Répétez l'opération pour désigner plusieurs destinataires.

- **Champ Cc :** Si vous souhaitez faire parvenir une copie du message à une ou plusieurs autres personnes, introduisez leur adresse dans le champ Cc (Copie carbone) selon une des deux techniques décrites ci-dessus.

  Ces personnes recevront un exemplaire du message tout en sachant qu'elles n'en sont pas le destinataire principal.

- **Champ Cci :** Si vous préférez que les différents destinataires ignorent que le mail a été expédié à plusieurs personnes et ne puissent, pour des raisons de confidentialité, en connaître ni la liste ni les adresses, demandez l'affichage d'un champ Cci (Copie carbone invisible) via la commande Champ Cci du menu Présentation et utilisez ce champ plutôt que le champ Cc classique.

- **Champ Objet :** Pour terminer, introduisez l'objet du message dans la case du même nom.

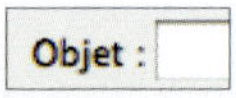

Rédiger

C'est simple : il suffit de taper.

Par le passé, les choses s'arrêtaient là : les mails étaient, par essence, des textes bruts non formatés, ce qu'ils auraient dû continuer à être, à notre sens. Mais le monde change ; autant s'y faire !

Désormais, Mail propose une foule de commandes de formatage, regroupées dans le menu Format, ainsi qu'une série de modèles préformatés prêts à l'emploi et classés par thème. Ces modèles sont accessibles via le bouton Afficher les modèles de la barre d'outils des fenêtres Nouveau message.

ASTUCE Pour revenir au fond blanc classique, sélectionnez la catégorie Modèle, puis cliquez sur Original.

Joindre une pièce

Une fois encore, tout est affaire de cliquer-glisser : faites glisser l'icône de la pièce à joindre depuis l'endroit où elle est stockée jusqu'à la fenêtre du nouveau message en cours d'élaboration.

À moins que vous ne préfériez transiter par une fenêtre d'ouverture à laquelle vous accéderez en cliquant sur le bouton Joindre de la barre d'outils. Désignez-y le ou les fichiers à joindre.

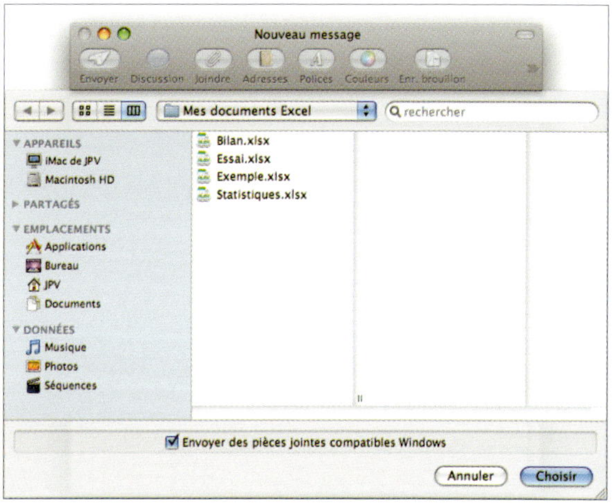

Envoyer

C'est simple comme une lettre à La Poste : il suffit de cliquer sur Envoyer.

Vous ne souhaitez pas faire partir le message tout de suite ? Enregistrez-le comme brouillon via l'icône Enr. brouillon de la barre d'outils. Un dossier Brouillons fait son apparition dans le volet gauche.

Pour poster un message enregistré comme brouillon, il vous suffit d'ouvrir ce dossier, de cliquer deux fois sur le message pour ouvrir sa fenêtre, puis d'activer la commande Envoyer, comme vous le feriez pour un message classique.

Le message vous revient, expédié par Mail Delivery System, avec comme objet la mention *Undelivered Mail Returned to Sender*. Il s'agit d'un courrier non distribué qui est retourné à l'expéditeur, vous en l'occurrence ! Dans 99 % des cas, c'est qu'il y a une erreur dans ses coordonnées. Ou alors le destinataire est parti sans laisser d'adresse…

Septième partie

en avant la musique !

Chapitre 22
Constituer sa discothèque

iTunes est un juke-box virtuel aux multiples possibilités. Il vous permet de vous constituer une discothèque de fichiers audio AAC ou MP3, d'organiser vos titres en listes de lecture, de les écouter ensuite en mode aléatoire, de les graver enfin sur un support CD que vous ferez tourner sur le lecteur de votre salon ou de votre voiture.

ATTENTION iTunes gère aussi les vidéos et permet d'écouter des émissions de radio ou de regarder des émissions de télé achetées sur l'iTunes Store, enregistrées depuis un tuner TV ou diffusées sous la forme d'épisodes téléchargeables depuis Internet. Par ailleurs, il est indispensable à l'utilisation de l'iPod.

Trois techniques sont possibles pour collecter des titres :

- les transférer depuis un CD audio ;
- les importer depuis votre disque dur ;
- les acheter à l'iTunes Store.

Dans tous les cas, les titres importés échouent dans la discothèque principale du programme, celle intitulée Musique de la rubrique Bibliothèque du volet gauche de la fenêtre d'iTunes.

Transférer depuis un CD audio

Pour transférer vers iTunes des titres provenant d'un CD audio :

1.

Assurez-vous que vous êtes connecté à Internet.

BON À SAVOIR En effet, lorsque la connexion Internet est active, iTunes tente, pendant le transfert, de trouver sur le Net des informations complémentaires sur le CD en cours d'extraction (intitulé de l'album, noms des artistes, titres des chansons, etc.). Pour ce faire, il se connecte à une base de données référençant la quasi-totalité des CD audio commercialisés dans le monde.

2.

Introduisez le CD audio dans votre lecteur.

Si iTunes ne tourne pas encore, il démarre, entame la lecture du CD et en affiche le contenu dans sa fenêtre principale.

BON À SAVOIR Choisissez Présentation/ Masquer le MiniStore pour augmenter l'espace dédié au contenu.

3.

Cliquez sur le bouton Importer le CD, en bas à droite. iTunes demande confirmation.

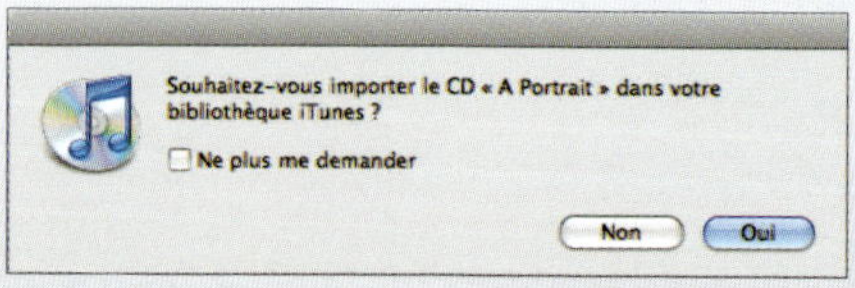

4.

Cliquez sur Oui.

L'importation commence. La fenêtre de progression placée sous la barre de titre vous tient informé du déroulement de la procédure.

BON À SAVOIR

Tandis qu'iTunes travaille, désactivez les titres que vous ne souhaitez pas transférer.

5.

Quand l'importation est terminée, cliquez sur le bouton Éjecter en bas à droite pour éjecter le CD audio.

Importer depuis le disque dur

Si les fichiers audio qui vous intéressent se trouvent sur votre disque dur, importez-les dans iTunes.

Opérez par cliquer-glisser ou via la commande Ajouter à la bibliothèque du menu Fichier et la boîte de dialogue correspondante.

Acheter à l'iTunes Store

Pour alimenter votre discothèque, vous n'êtes pas limité à vos CD ni aux éventuels morceaux stockés sur votre disque dur ; vous pouvez parfaitement vous procurer des titres depuis l'iTunes Store, le disquaire en ligne d'Apple.

Il s'agit d'un service de vente en ligne de contenus multimédias. L'accès à ce magasin particulier se fait par un simple clic sur le lien éponyme placé dans le volet gauche de la fenêtre.

La fenêtre de l'iTunes Store s'affiche.

La navigation se passe ici comme sur un site Web. Seule particularité : c'est le champ Recherche iTunes Store qui vous permet d'effectuer des recherches dans le catalogue de l'iTunes Store.

Seule contrainte, avant toute chose, il vous faudra créer un compte. Pour ce faire :

1.

Dans la rubrique Store du volet gauche, cliquez sur iTunes Store.

2.

En haut à droite de la fenêtre principale, cliquez sur Ouvrir une session.

La fenêtre d'inscription s'affiche.

3.

Cliquez sur Créer un nouveau compte.

Une fenêtre de bienvenue vous est alors adressée.

4.

Cliquez sur Continuer.

S'impose ensuite la fenêtre Termes et conditions de l'iTunes Store.

5.

Cochez en bas l'intitulé J'ai lu et j'accepte les conditions générales iTunes.

6.

Cliquez sur Continuer.

La fenêtre Créer un compte iTunes Store (Identifiant Apple) s'affiche.

7.

Remplissez les cases.

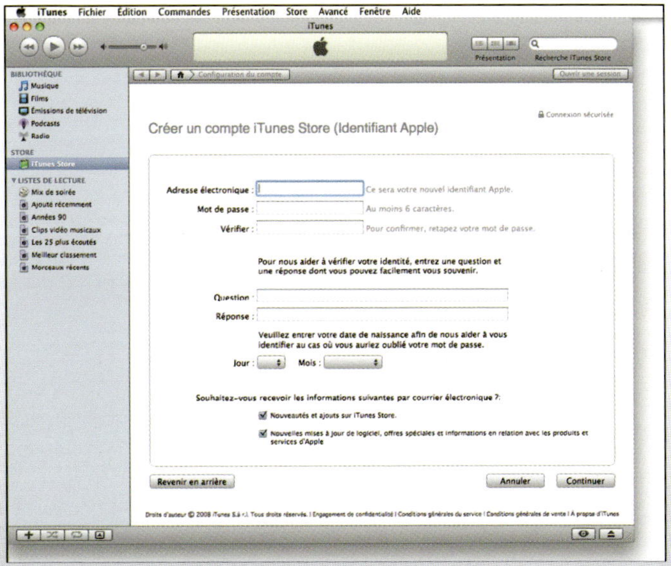

8.

Cliquez sur Continuer.

La fenêtre Indiquer un mode de paiement s'affiche.

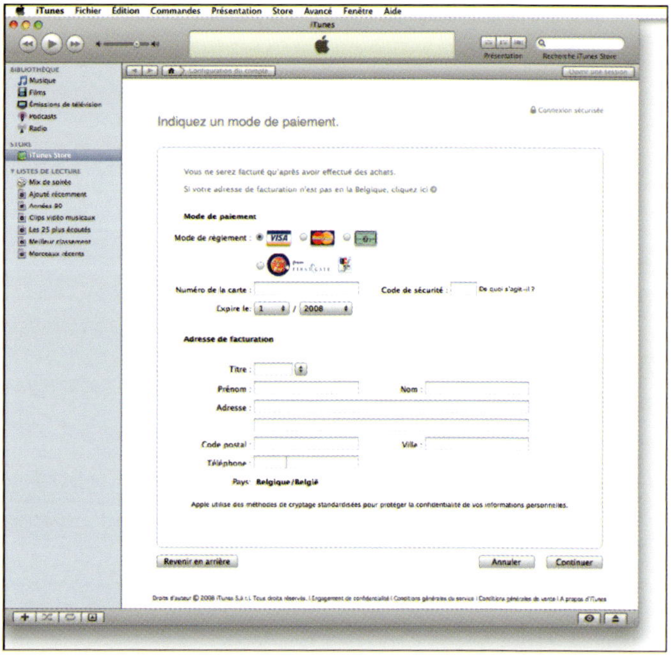

9.

Remplissez les cases.

10.

Cliquez sur Continuer.

Une fenêtre Félicitations s'affiche, vous signalant que votre compte iTunes a bien été créé.

11.

Cliquez sur Terminé.

Il ne vous reste plus qu'à faire votre shopping !

ATTENTION Vous trouverez dans de nombreux points de vente (y compris dans les grandes surfaces) des chèques-cadeaux ou des cartes iTunes prépayées, qui vous permettent de faire vos emplettes sur l'iTunes Store à concurrence du montant correspondant. Pour les exploiter, vous devrez de toute façon commencer par créer un compte, mais serez dispensé de saisir les infos relatives à la carte de crédit. Pour en savoir plus au sujet de ces chèques et de ces cartes, n'hésitez pas à consulter l'aide en ligne du programme.

BON À SAVOIR Pour supprimer un titre, sélectionnez-le, puis invoquez la commande Supprimer du menu Édition. Confirmez votre intention quand iTunes vous le demande, puis validez l'option Placer dans la Corbeille.

Accès aux informations

La commande Obtenir des informations du menu Fichier (⌘ + I) vous ouvre une fenêtre aux volets multiples ; c'est surtout son volet Infos qui nous intéresse ici.

Ce volet vous permet de corriger les données relatives au titre, d'introduire un commentaire et, surtout, de lui attribuer un genre. C'est important puisque cela vous permettra par la suite de trier votre discothèque principale ou vos listes de lecture selon ce critère.

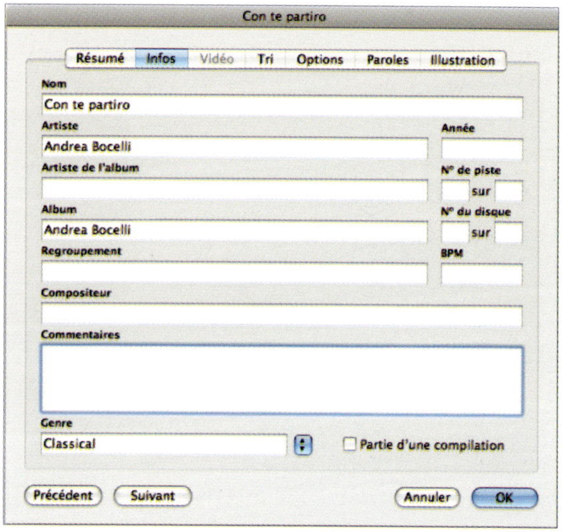

Chapitre 23
Écouter vos musiques

Votre bibliothèque musicale regroupe les titres que vous aimez ; écoutez-les !

Choisir une présentation

Pour vous mettre à l'aise, commencez par choisir la présentation qui vous convient le mieux.

iTunes vous en propose trois, accessibles via le menu Présentation ou via les icônes correspondantes de la barre d'outils.

- **Par liste :** Présente les titres sous forme de liste.

- **Par album :** Présente les titres par album, avec l'illustration correspondante à gauche.

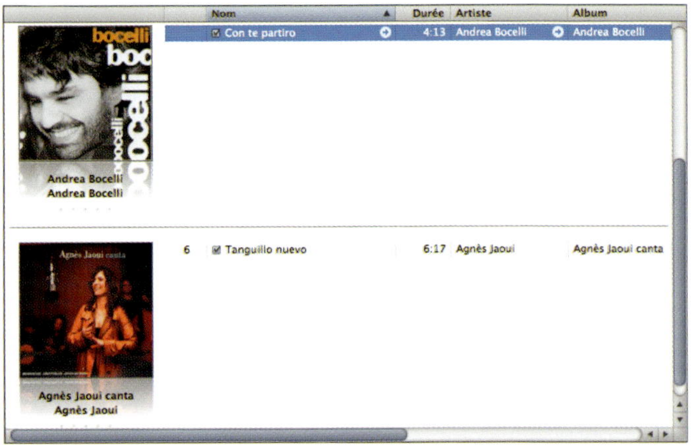

- **Cover Flow :** Ce mode – que vous avez découvert au niveau du Finder (Chapitre 2) – divise la fenêtre principale du programme en deux volets réglables : en haut, la couverture ; en bas, la liste.

ASTUCE En mode Par liste, les titres sont a priori classés par ordre croissant sur le nom. Inversez cet ordre en cliquant sur le petit triangle à droite de l'intitulé. Ou choisissez une autre clé de tri en cliquant dans la tête de colonne correspondante, Genre par exemple.

Régler les options de lecture

Que vous agissiez au niveau de la discothèque principale (option Musique de la rubrique Bibliothèque du volet gauche) ou au sein d'une liste particulière (rubrique Listes de lecture – voir le chapitre suivant), les options sont les mêmes.

Par défaut, la lecture est linéaire : elle démarre au niveau du titre sélectionné et progresse vers le bas. Mais vous pouvez activer deux icônes pour que les choses se passent autrement :

- **Ordre aléatoire :** Pour que les titres de la liste courante soient lus dans un ordre aléatoire.

- **Répétition :** Pour que le titre en cours soit exécuté en boucle. Commencez par sélectionner le titre à répéter à l'écoute, puis cliquez deux fois sur l'icône Répétition jusqu'à ce que le chiffre 1 apparaisse.

Lancer la lecture

À ce stade, il ne vous reste plus qu'à choisir une discothèque (Musique ou autre), puis à cliquer deux fois sur le titre à écouter depuis le volet principal du programme en sachant qu'iTunes lira automatiquement tous les titres de la liste.

Contrôlez l'exécution de cette lecture grâce aux boutons du haut de la fenêtre.

BON À SAVOIR

N'hésitez pas à exploiter la fonction de recherche pour localiser un titre, un interprète, un album.

Chapitre 24
Créer des listes de lecture

Pourquoi ne pas regrouper vos morceaux préférés dans ce qu'il est convenu d'appeler une *liste de lecture* ?
Sorte d'album audio, une liste est donc une *sélection*, c'est-à-dire un sous-ensemble de votre discothèque principale que vous constituez comme bon vous semble, selon des critères qui vous sont propres : compil' de vos titres de prédilection, morceaux jazz, airs latinos, etc.

Créer une liste

1.

Choisissez Fichier/Nouvelle liste de lecture ou enfoncez les touches ⌘ + N.

ASTUCE Vous pouvez aussi cliquer sur le signe + en bas à gauche.

La liste est créée et ajoutée aux listes existantes (notamment toutes les listes prédéfinies du programme) dans la rubrique Listes de lecture du volet gauche. Son nom provisoire, *liste sans titre*, est contrasté.

2.

Tapez le nom que vous souhaitez lui donner.

3.

Confirmez au moyen de la touche Entrée.

Ajouter des titres

Il ne vous reste qu'à ajouter des titres à la liste que vous venez de créer :

1.

Localisez le premier titre à ajouter depuis la liste dans laquelle il se trouve actuellement (par exemple Musique, Les 25 plus écoutés ou Morceaux récents).

2.

Faites-le glisser de la fenêtre principale vers la liste affichée dans le volet gauche.

Ou :

Opérez un Ctrl + clic sur le titre, puis choisissez Ajouter à la liste de lecture/*nom de la liste* dans le menu contextuel.

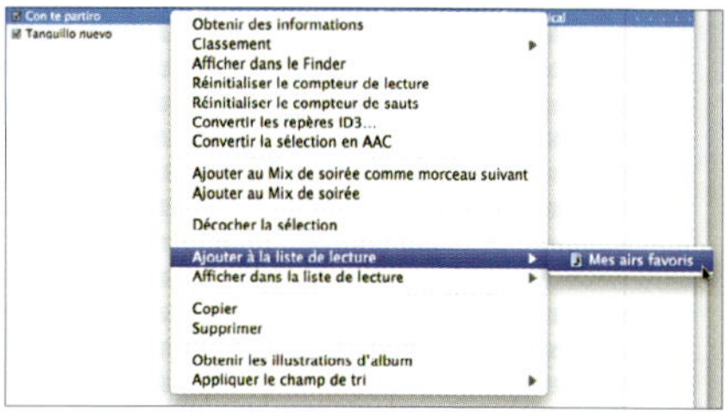

3.

Répétez l'opération pour les autres titres à ajouter.

Gérer les listes

Plusieurs manipulations sont autorisées :

- **Pour écouter une liste :** Sélectionnez son nom dans le volet de gauche, puis procédez comme décrit dans le chapitre précédent.
- **Pour renommer une liste :** Sélectionnez son nom, puis enfoncez la touche Entrée pour activer le mode Édition ; entrez le nouveau nom, puis confirmez le changement via la même touche.
- **Pour réorganiser une liste :** Déplacez les titres par cliquer-glisser.

- **Pour modifier une liste :** Ajoutez des titres comme décrit dans la section précédente. Supprimez-en via la commande Supprimer (avec confirmation requise), en sachant que les titres ainsi traités sont supprimés de la liste mais pas de la discothèque principale.
- **Pour supprimer une liste :** Sélectionnez son nom, puis invoquez la commande Supprimer du menu Édition ; confirmez votre intention quand le programme vous y invite.

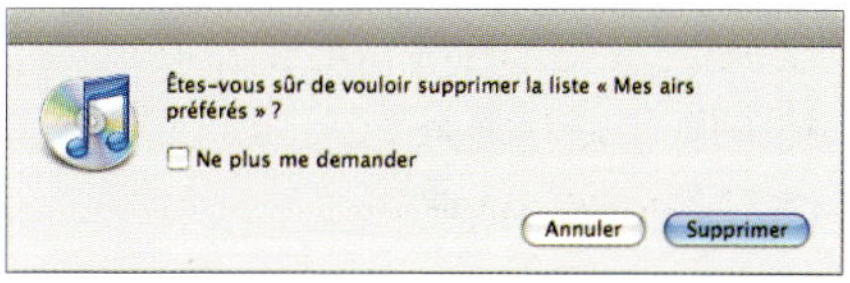

Chapitre 25
Graver un CD de musique

Vous aimeriez embarquer vos titres préférés dans votre voiture ? Gravez-les sur un CD ! iTunes vous permet en effet de graver des CD audio et MP3.

ASTUCE Si vous gravez en MP3, il faut, bien entendu, que le lecteur sur lequel vous comptez écouter le CD (véhicule ou salon) soit compatible.

Régler les préférences

Avant toute chose, il vous faut transiter par les préférences du programme :

1.

Choisissez iTunes/Préférences ou enfoncez les touches ⌘ + , (virgule).

La fenêtre des préférences d'iTunes s'ouvre.

2.

Activez l'onglet Avancé.
L'onglet Avancé s'affiche.

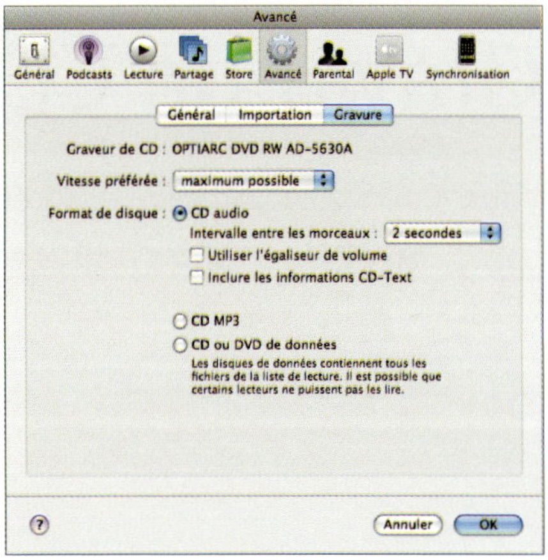

3.

Activez l'onglet Gravure.
L'onglet Gravure s'affiche.

4.

Sélectionnez CD audio ou CD MP3 dans la rubrique Format de disque.

5.

Dans le cas d'un CD audio, paramétrez les options supplémentaires :

- **Intervalle entre les morceaux :** Pour choisir un intervalle parmi les options disponibles.
- **Utiliser l'égaliseur de volume :** Pour éviter les différences de volume.
- **Inclure les informations CD-Text :** Pour faire en sorte que le lecteur CD audio soit capable de reconnaître les noms des pistes.

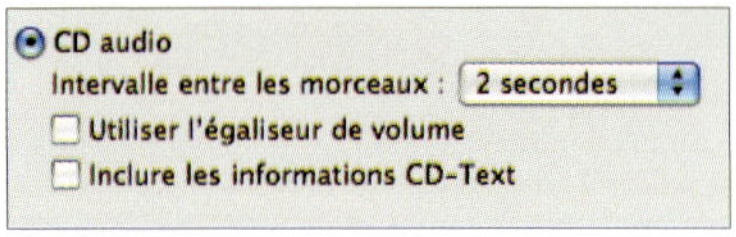

6.

Cliquez sur OK.

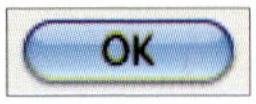

Lancer la gravure

La dernière étape : la gravure.

1.

Commencez par créer une liste de lecture regroupant les titres à graver.

2.

Choisissez Fichier/Graver la liste de lecture sur un disque ou activez le bouton Graver le disque, en bas à droite.

3.

Introduisez un disque vierge dans le lecteur, comme la zone du haut vous y invite.

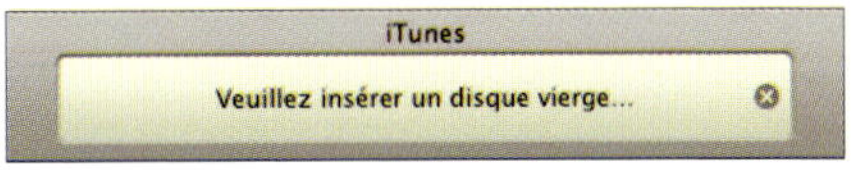

La gravure démarre automatiquement ; vous êtes tenu au courant de la progression de l'opération.

Une fois la gravure terminée, le programme éjecte le CD. Le nom qui lui a été attribué est celui de la liste que vous y avez enregistrée.

Huitième partie

quand il n'y en a plus, il y en a encore

Chapitre 26
Aide-mémoire

Aide-mémoire est la version électronique du bloc-notes. Collez des petits mots partout où ça vous chante et gérez-les avec aisance.

Lancer

Comme tous les programmes, vous trouverez Aide-mémoire dans le dossier Applications.

Ne confondez pas Aide-mémoire, programme à part entière livré avec Mac OS X, avec le widget du même nom qui vous permet lui aussi de taper des notes et d'en contrôler la couleur, la police et la taille des caractères, mais dont les fonctionnalités sont nettement plus réduites que celles de l'application de Leopard.

Au démarrage d'Aide-mémoire, deux notes s'affichent, qui vous enseignent les bases de pilotage du programme ; prenez-en connaissance.

ATTENTION Si vous cliquez dans le Bureau en dehors des notes affichées, vous désactivez Aide-mémoire et activez le Finder. Pour revenir à Aide-mémoire, sollicitez son icône depuis le Dock ou cliquez dans une des notes ouvertes.

Gérer les notes

Toutes sortes de manipulations sont autorisées : créer, rédiger, changer la couleur, la taille ou la position, condenser, imprimer et fermer.

ATTENTION Inutile d'enregistrer : Aide-mémoire le fait automatiquement.

- **Créer :** Choisissez Fichier/Nouvelle note ou enfoncez les touches ⌘ + N.
- **Rédiger :** Cliquez dans la fenêtre de la note concernée ; le point d'insertion y clignote. Tapez votre texte. Le cas échéant, recourez aux commandes Gras, Italique et Souligné du menu Police pour appliquer ces attributs à un texte sélectionné.
- **Changer la couleur :** Faites votre choix parmi les 6 possibilités offertes par le menu Couleur.

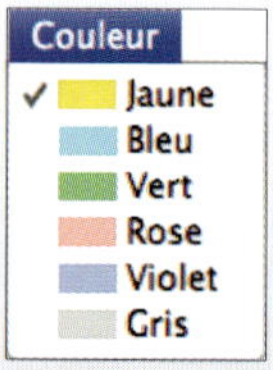

- **Changer la taille :** Cliquez-glissez sur la case de redimensionnement.

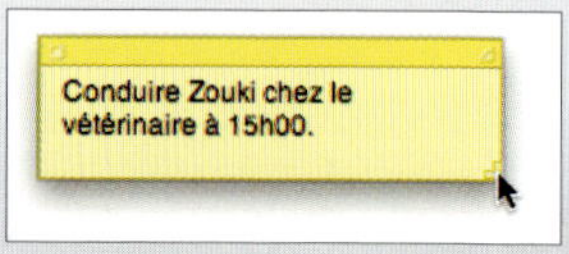

- **Changer la position :** Cliquez-glissez sur la barre de titre de la note.
- **Condenser :** Cliquez deux fois sur la barre de titre de la note. La fenêtre se réduit, ne laissant plus apparaître que cette barre.

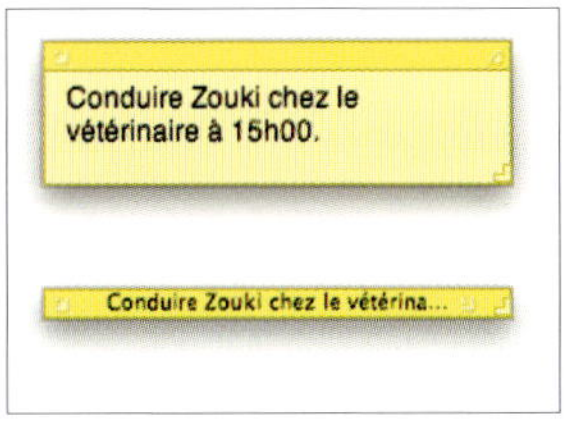

Quand la note est condensée, la barre de titre s'équipe d'une case de redimensionnement ; n'hésitez pas à vous en servir.

- **Imprimer :** Deux commandes sont à votre disposition dans la partie inférieure du menu Fichier : Imprimer la note active et Imprimer toutes les notes.

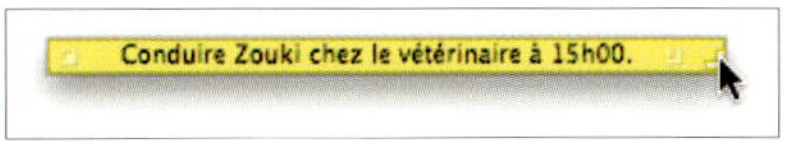

- **Fermer :** Cliquez dans la case de fermeture de la note et décidez éventuellement d'en sauvegarder le contenu sous forme de fichier texte (qui sera stocké sur votre disque dur). Vous pourrez ensuite ouvrir ce fichier avec n'importe quel traitement de texte, TextEdit notamment.

D'autres fonctions plus avancées sont disponibles, comme la possibilité d'importer ou d'exporter des notes, d'en soumettre le texte à la vérification orthographique ou d'en contrôler très finement les attributs typographiques. Si le cœur vous en dit, n'hésitez pas à explorer les menus : vous y trouverez toutes les commandes qui prennent en charge ces opérations plus délicates.

Chapitre 27
Aperçu

Aperçu a pour mission d'ouvrir deux types de fichiers :

- **les fichiers image** (aux formats JPEG, GIF, TIFF et PNG notamment) ;
- **les fichiers PDF** (Portable Document Format).

Vous avez dit PDF ?

Il s'agit là d'un format particulier dont les deux caractéristiques majeures sont la *portabilité* et la *fidélité*.

Portabilité parce que les fichiers PDF sont légers en Ko, ce qui leur permet de voyager facilement par mail.

Fidélité parce que le format PDF présente l'énorme avantage de respecter à la lettre tous les attributs de mise en page du fichier original, ce qui n'est pas le cas des autres formats.

Ouvrir

Soit vous double-cliquez sur l'icône du programme depuis le dossier Applications, puis invoquez sa commande Ouvrir.

Soit vous double-cliquez sur l'icône d'un fichier susceptible d'être ouvert par Aperçu.

Le programme démarre et affiche le fichier en question.

ASTUCE Le menu Présentation regorge d'articles vous permettant de contrôler l'affichage ; le menu Aller propose, lui, des commandes de navigation. Exploitez sans vergogne les uns et les autres. Pensez aussi à utiliser les raccourcis qui vous sont proposés en barre d'outils.

Manipuler les fichiers image

Commençons par signaler que, si vous ouvrez plusieurs fichiers via la commande Ouvrir, ils s'affichent dans des fenêtres distinctes.

Mais si vous sélectionnez plusieurs icônes de fichiers avant de faire un double-clic pour lancer Aperçu, tous les fichiers correspondants s'ouvrent dans une fenêtre unique. Le premier est proposé en fenêtre active ; les autres sont présentés sous forme de vignettes dans une barre latérale placée à droite.

BON À SAVOIR La largeur de la barre latérale est réglable par cliquer-glisser sur le bouton signalé par trois traits verticaux placé dans le bas du volet. La taille des vignettes l'est aussi, grâce au curseur ancré à droite, au même endroit.

ASTUCE Pour afficher un des fichiers de la liste, cliquez sur sa vignette. Pour en fermer un, enfoncez la touche Ctrl et cliquez sur la vignette correspondante ; choisissez ensuite Fermer dans le menu local qui se déroule alors sous votre pointeur.

En matière de fichiers image, Aperçu autorise toutes sortes de manipulations. Passons en revue les plus immédiates :

- **Faire pivoter :** Utilisez les commandes Rotation à gauche (⌘ + L) ou Rotation à droite (⌘ + R) du menu Outils pour faire pivoter l'image dans un sens ou dans l'autre.
- **Retourner :** Utilisez les commandes Retournement horizontal ou Retournement vertical du menu Outils pour obtenir un effet miroir, sur l'axe vertical dans le premier cas, horizontal dans le second.

- **Rogner** : Commencez par sélectionner la partie de l'image à conserver en cliquant-glissant avec l'outil Sélectionner, accessible depuis la barre d'outils ou la commande Outil de sélection du menu Outils.

Invoquez ensuite la commande Rogner (⌘ + K), toujours du menu Outils.

- **Ajuster la couleur :** La commande Ajuster la couleur vous donne accès à une foule de réglages vous permettant de retoucher votre photo : luminosité, contraste, saturation, netteté...
- **Ajuster la taille :** La commande Ajuster la taille vous permet d'entrer les valeurs de largeur et de hauteur avec une extrême précision.
- **Enregistrer une copie :** N'hésitez pas à recourir à la commande Enregistrer sous du menu Fichier pour enregistrer l'image modifiée tout en conservant intacte l'image originale.

- **Afficher un diaporama :** Quand plusieurs fichiers sont ouverts dans une même fenêtre, vous pouvez en demander le diaporama, en format plein écran.

  Pour ce faire, activez le bouton Diaporama de la barre d'outils ou invoquez la commande du même nom depuis le menu Présentation (⌘ + Majuscule + F). Utilisez ensuite le bandeau mis à votre disposition pour piloter ce slide-show (en sachant que ce bandeau disparaît après quelques secondes mais se réaffiche dès que vos déplacez votre souris). Utilisez la touche Esc pour mettre fin au spectacle.

- **Envoyer par mail :** Validez la commande Envoyer l'image du menu Fichier pour expédier l'image courante vers Mail. La messagerie démarre et ouvre une fenêtre Nouveau message où apparaît l'image ; il ne vous reste plus qu'à compléter les champs requis et à expédier le courrier (Chapitre 21).

- **Imprimer :** Enfin, la commande Imprimer (⌘ + P) expédie le fichier image courant vers l'imprimante.

Manipuler les fichiers PDF

Dans le cas des fichiers PDF, la barre latérale sert à afficher la table des matières du PDF ouvert.

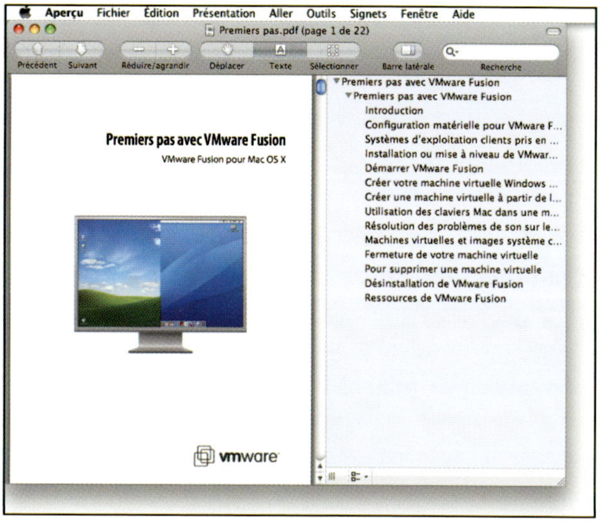

Si vous préférez des vignettes à la table des matières, exprimez-vous dans le menu local du bas de la fenêtre.

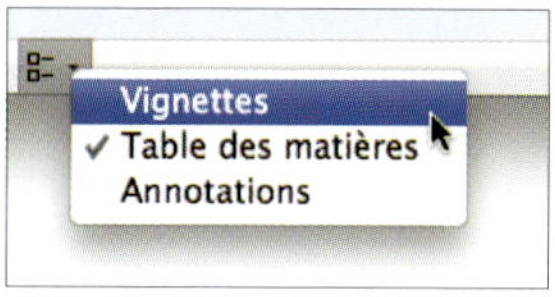

La largeur de la barre latérale est réglable par cliquer-glisser sur le bouton signalé par trois traits verticaux placé dans le bas du volet. La taille des vignettes l'est aussi, grâce au curseur ancré à droite, au même endroit.

Ici aussi, différentes actions sont autorisées :

- **Rechercher du texte :** Saisissez l'objet de votre recherche dans le champ Recherche de la barre d'outils. Le résultat s'affiche dans la barre latérale avec les numéros des pages correspondantes.
- **Sélectionner du texte :** Cliquez-glissez avec l'outil Texte, accessible depuis la barre d'outils ou la commande Outil texte du menu Outils.

- **Marquer du texte :** Ce sont les trois commandes du sous-menu Marquer du menu Outils qui vous permettent d'agir.

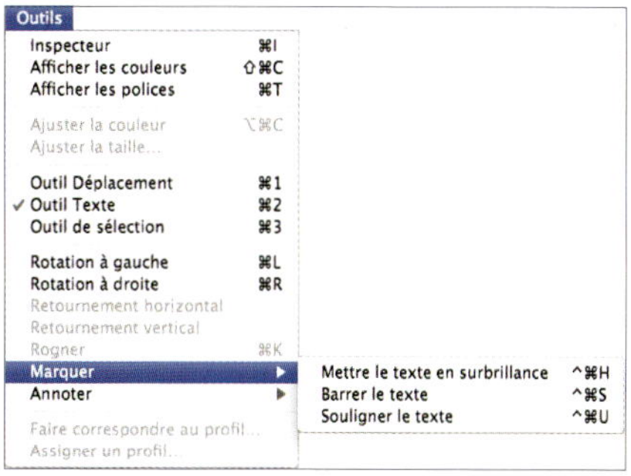

- **Annoter du texte :** Pour ajouter une annotation, commencez par en choisir le type via le sous-menu Annoter du menu Outils.

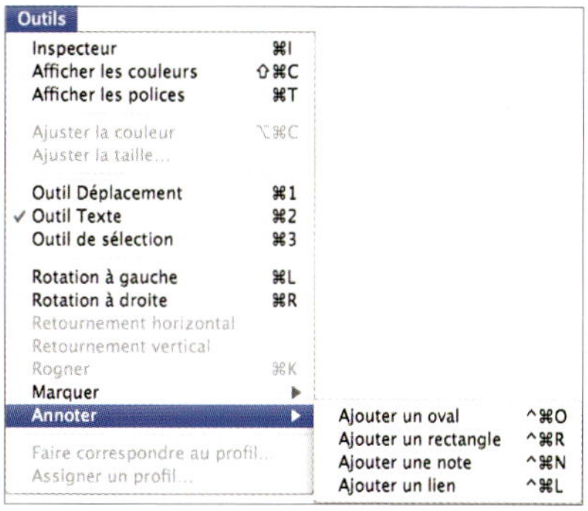

La suite des opérations dépend du choix que vous avez fait dans ce sous-menu :

- **Ajouter un ovale/un rectangle :** Le pointeur de la souris prend la forme d'une croix ; tracez un ovale (rouge) ou un rectangle (orange) par cliquer-glisser.

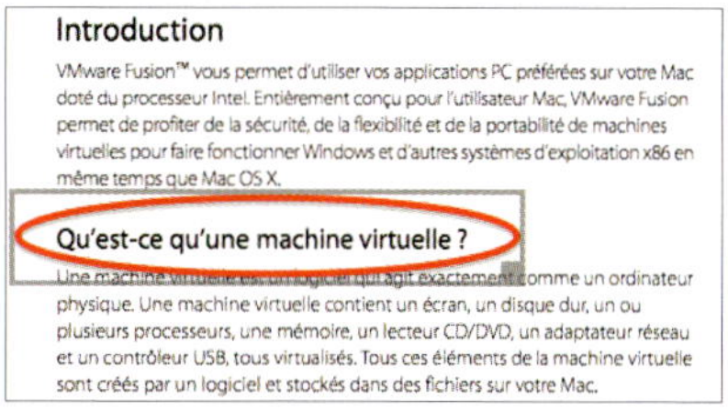

BON À SAVOIR

Tant que le périmètre gris de sélection est affiché (s'il ne l'est plus, réactivez-le par double-clic sur le trait), vous pouvez redimensionner la forme par cliquer-glisser sur sa case de redimensionnement ou la déplacer par cliquer-glisser à l'intérieur de la zone qu'elle définit. Pour vous en débarrasser, utilisez la touche Suppr. ou Retour arrière.

- **Ajouter une note :** Le contenu de la fenêtre glisse vers le haut et le pointeur de la souris prend la forme d'une croix. Cliquez à l'endroit du document où vous voulez voir apparaître la note, puis tapez le texte.

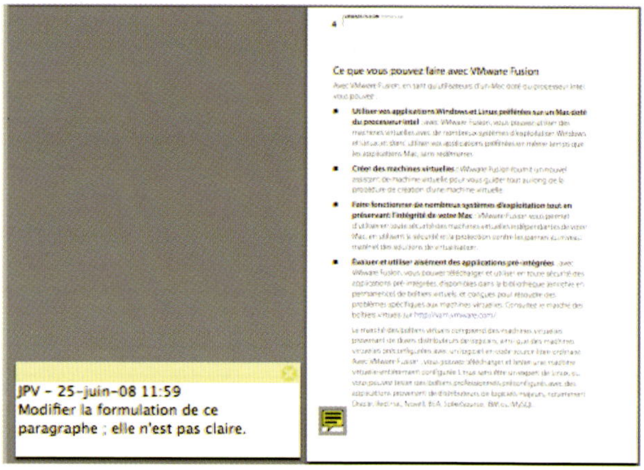

BON À SAVOIR

Ajouter un lien permet d'introduire une adresse Internet qui s'ouvrira dès activation du lien.

- **Envoyer par mail :** Validez la commande Envoyer le document pour expédier le PDF vers une adresse email.
- **Imprimer :** Enfin, la commande Imprimer (⌘ + P) achemine le fichier PDF courant vers l'imprimante.

Chapitre 28
iCal

Logiciel de gestion du temps, iCal vous permet de noter rendez-vous et tâches sur un ou plusieurs agendas.

Lancer

Commencez par mettre iCal en service.

Son interface est bien fournie :

- **À gauche :** En haut, la liste des calendriers (deux sont proposés par défaut) ; en bas, le mini-calendrier.
- **À droite :** Le calendrier proprement dit, présenté à priori par semaine. Deux autres présentations, par jour et par mois, sont également disponibles. Activez-les via les commandes correspondantes du menu Présentation, leurs équivalents clavier ou les boutons qui siègent sous la barre de titre.

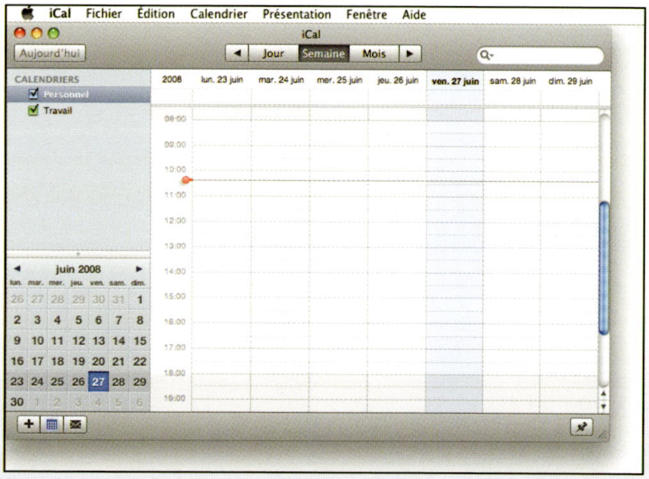

Les rendez-vous

C'est une des opérations de base du programme, qui s'établit en quatre étapes : choisir le calendrier, la date et l'heure, puis noter le rendez-vous. Libre à vous ensuite d'en préciser les modalités.

Noter

1.

Commencez par sélectionner à gauche le calendrier concerné (Personnel pour privé et Travail pour professionnel).

ASTUCE À l'instar de la commande Nouveau calendrier du menu Fichier, le bouton + du bas du volet gauche crée un nouveau calendrier dont le nom provisoire, Sans titre, est présélectionné dans la liste des calendriers pour que vous n'ayez plus qu'à lui donner un nom.

BON À SAVOIR Pour supprimer un calendrier, sélectionnez-le, puis invoquez la commande Supprimer du menu Édition.

2.

Dans la partie principale de la fenêtre, affichez la plage horaire souhaitée.

- **Pour afficher le jour :** Utilisez les commandes Suivant et Précédent du menu Présentation ou les flèches positionnées de part et d'autre des boutons de présentation.

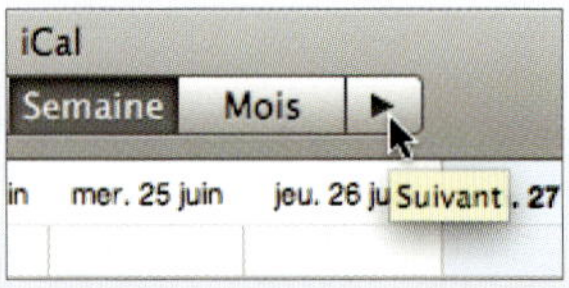

- Pour les dates lointaines, déplacez-vous plus rapidement grâce au mini-calendrier de gauche ou à l'article Aller à la date (⌘ + Majuscule + T) du menu Présentation.

- **Pour afficher l'heure :** Utilisez la barre de défilement vertical.

3.

Cliquez sur l'heure de début et faites glisser jusqu'à l'heure de fin.
Une vignette Nouvel événement s'affiche.

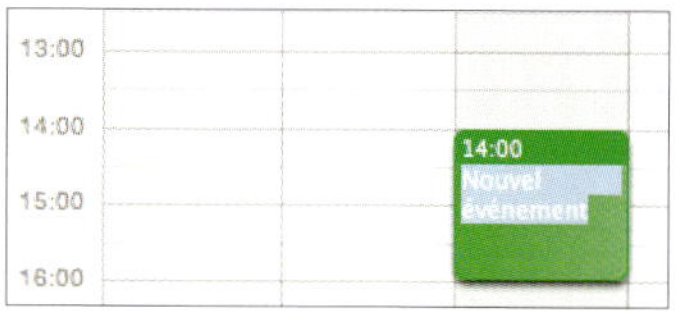

À chaque calendrier est associée une couleur ; tous les rendez-vous d'un calendrier donné s'affichent dans la même couleur que celle du calendrier auquel ils sont liés.

4.

Tapez l'intitulé du rendez-vous.
Il se substitue à la mention prédéfinie Nouvel événement.

Préciser

Si l'intitulé du rendez-vous ne vous suffit pas, n'hésitez pas à entrer d'autres précisions le concernant. Les principales :

1.

Cliquez deux fois sur un rendez-vous.
La fenêtre du rendez-vous s'affiche.

2.

Cliquez sur Édition.
La fenêtre d'édition du rendez-vous s'affiche.

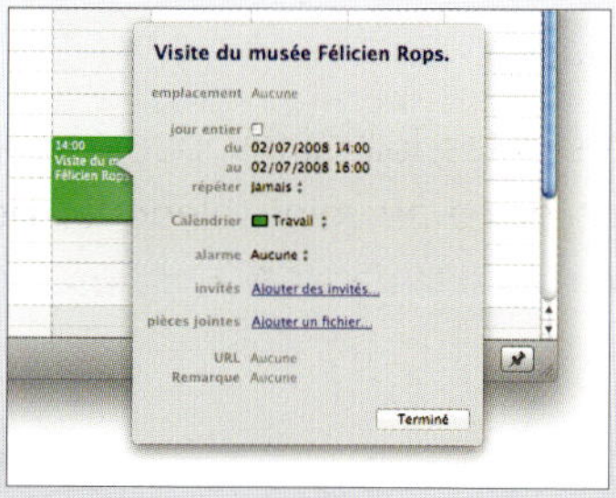

3.

Entrez les détails :

- **Intitulé :** Si nécessaire, modifiez l'intitulé dans la case du haut du volet.
- **Emplacement :** Pour, en cliquant sur Aucune, pouvoir préciser à quel endroit doit se tenir le rendez-vous.
- **Durée :** Possibilité de valider l'option Jour entier ainsi que les dates et heures de début et de fin. Si le rendez-vous est récurrent, spécifiez-en la périodicité via le menu Répéter.
- **Calendrier :** Pour faire passer le rendez-vous d'un calendrier à un autre.

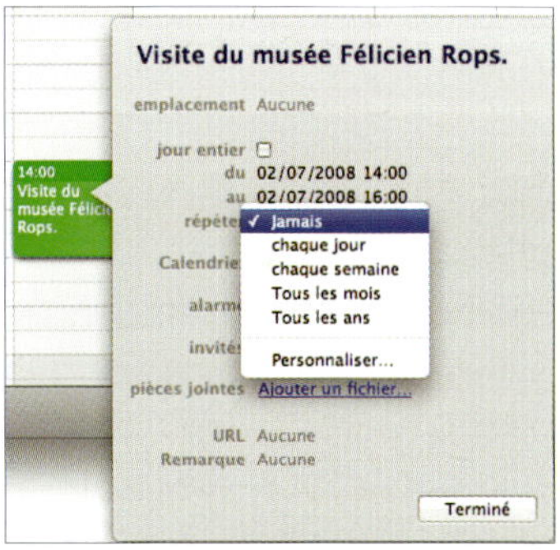

- **Rappel :** Déroulez le menu local Alarme et demandez que le programme vous rappelle un futur rendez-vous à un moment précis, selon une procédure à sélectionner dans le sous-menu avec, disponible ensuite, une série de réglages qui varient selon l'option retenue.

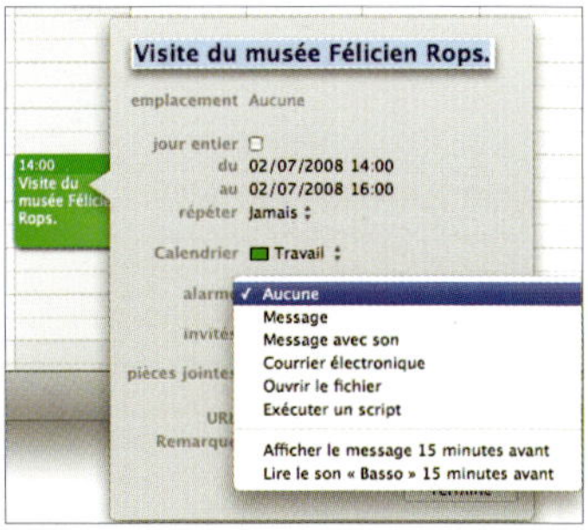

4.

Cliquez sur Terminé.

BON À SAVOIR Depuis la fenêtre principale du programme, vous pouvez bien entendu déplacer vos rendez-vous par cliquer-glisser, en modifier la durée selon la même technique, voire les supprimer en cliquant dans leur fenêtre, puis en activant la touche Suppr. ou Retour arrière.

Les tâches

Tant qu'il y aura des choses à faire, il y aura des listes ! Ajoutez des tâches et assurez-en le suivi.

Ajouter

1.

Choisissez Présentation/Afficher la liste des tâches. Le volet Tâches s'affiche à droite.

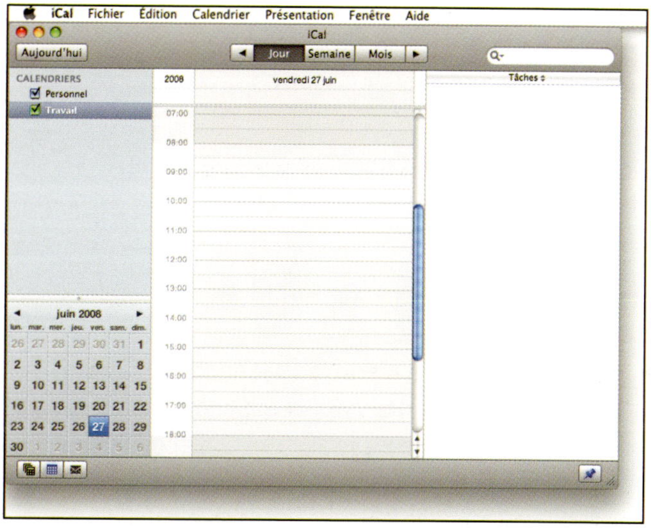

2.

Cliquez deux fois dans un espace vide de cette liste. Une entrée Nouvelle tâche s'affiche.

ASTUCE Vous pouvez parvenir plus rapidement au même résultat en sollicitant la commande Nouvelle tâche du menu Fichier : le volet s'ouvre et la tâche est créée.

3.

Tapez l'intitulé de la tâche.

Gérer

1.

Cliquez deux fois sur une tâche. La fenêtre de la tâche s'affiche.

2.

Menez les actions souhaitées :

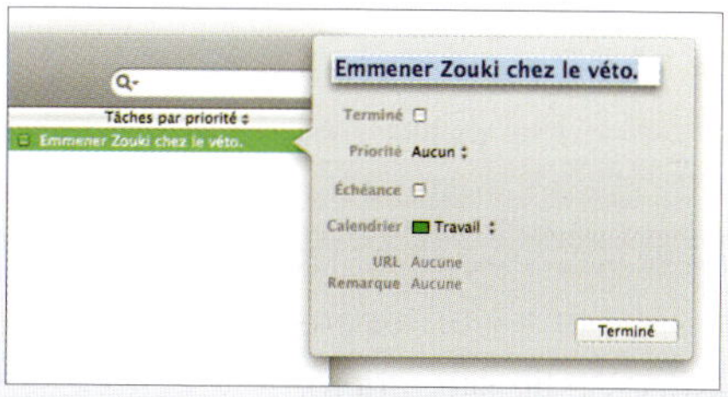

- **Pour renommer une tâche :** Modifiez son intitulé depuis la case du haut du volet.
- **Pour noter qu'une tâche est terminée :** Validez l'option Terminé depuis la fenêtre d'édition.

ASTUCE Vous pouvez aussi cocher directement la tâche depuis la liste des tâches.

- **Pour attribuer une priorité :** Sélectionnez une des options du menu Priorité.
- **Pour ajouter une date butoir :** Validez l'option Échéance et entrez la date. Le cas échéant, demandez un rappel via la fonction Alarme.

3.

Cliquez sur Terminé.

Le menu local du haut du volet vous permet aussi de trier les tâches selon plusieurs critères.

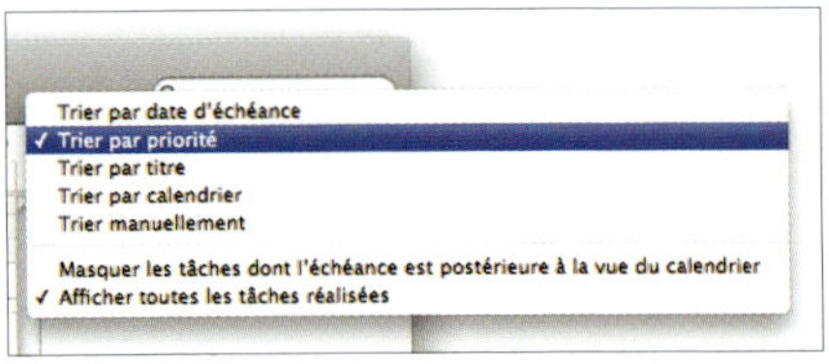

Enfin, pour supprimer une tâche, sélectionnez-la, puis enfoncez la touche Suppr. ou Retour arrière.

BON À SAVOIR iCal a d'autres cordes à son arc, comme la possibilité de convier des participants à un événement, d'imprimer des calendriers, de les publier sur le Net afin que d'autres utilisateurs puissent les visualiser et les partager, etc. Il va encore plus loin : il permet à plusieurs utilisateurs de partager des agendas, constituant, à ce titre, un véritable outil de travail collaboratif. Si le cœur vous en dit…

Chapitre 29
Lecteur DVD

Lecteur DVD vous permet de lire tous les DVD vidéo du commerce, y compris les disques haute définition Blu-ray.

Blu-ray

Désireux de toujours caser sur leurs supports plus de données en haute définition, les fabricants ne cessent de rechercher des solutions alternatives au classique DVD. La dernière en date est le disque Blu-ray de Sony. Basé sur un rayon laser bleu-violet (d'où son nom), il peut stocker 25 Go en version simple couche et 50 en version double couche !

Vous n'avez pas à mettre Lecteur DVD en service : il est normalement configuré pour démarrer de manière automatique dès que vous introduisez un disque DVD dans votre lecteur.

Choisir une présentation

Une fois le programme en service, contrôlez-en la présentation.

Plusieurs possibilités s'offrent à vous :

- **Mode plein écran :** C'est sans doute l'affichage le plus agréable puisque le film s'exécute en grand et que les zones de l'écran non exploitées s'habillent de noir pour l'occasion.

  Pour activer ce mode, sollicitez la commande Activer le mode plein écran du menu Présentation (⌘ + F).

  Un bandeau de contrôle s'affiche dans la partie inférieure de l'écran si vous en approchez votre pointeur ; ses commandes sont explicites.

BON À SAVOIR

Amenez votre pointeur dans le haut de l'écran : la barre des menus et le bandeau des chapitres (voir la section suivante) apparaissent.

Pour quitter le mode plein écran, invoquez la commande Quitter le mode Plein écran (⌘ + F) ou enfoncez la touche Esc.

- **Taille 40 %, réelle, 200 % et Adapter à l'écran :** Ces autres options de présentation sont disponibles dans le menu du même nom.

  Ici, c'est une palette style télécommande de salon qui vous permet de piloter le programme.

ASTUCE

N'hésitez pas à dérouler les menus Contrôles et Aller : vous y trouverez d'autres commandes fort utiles, même si beaucoup font double emploi avec le bandeau et la palette.

Contrôler la lecture du DVD

Outre les commandes de pilotage classiques, Lecteur DVD est équipé de deux commandes qui facilitent l'accès à un endroit spécifique du disque :

- **La commande Chapitres du menu Fenêtre :** Elle autorise un accès immédiat à n'importe quel chapitre du film.
- **La commande Nouveau signet du menu Contrôles :** Elle vous permet de mettre des signets où bon vous semble pour ensuite gagner rapidement les endroits ainsi marqués.

Atteindre un chapitre

1.

Choisissez Fenêtre/Chapitres ou enfoncez les touches ⌘ + B.

La palette Chapitres s'affiche.

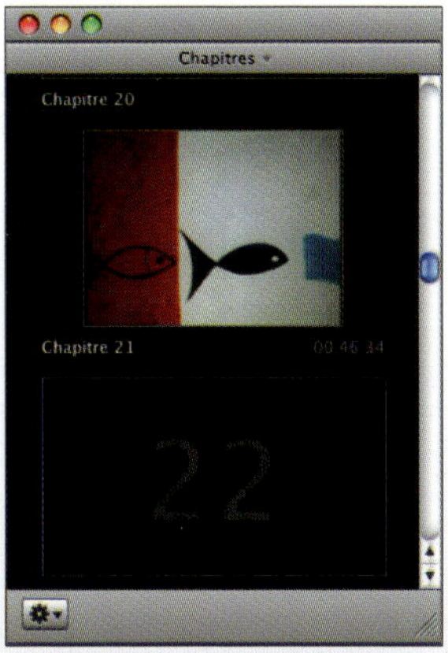

BON À SAVOIR En mode Plein écran, cette palette s'installe d'autorité sous la barre des menus où elle prend la forme d'un large bandeau horizontal.

2.

Dans le menu local du bas de cette palette, validez la commande Créer les vignettes manquantes.

3.

Si nécessaire, faites défiler le contenu de la palette jusqu'à visualiser la vignette du chapitre à atteindre.

4.

Cliquez deux fois dessus.

Ajouter un signet

1.

Choisissez Contrôles/Nouveau signet ou enfoncez les touches ⌘ + = (égal) quand, pendant son exécution, le film arrive à l'endroit où vous voulez ajouter le signet.

2.

Dans la fenêtre qui vous est alors proposée, entrez le nom du signet dans la case Signet.

3.

Cliquez sur Ajouter.

Pour obtenir la liste des signets définis, choisissez Fenêtre/Signets ou enfoncez les touches ⌘ + D.

ASTUCE Si la palette Chapitres est affichée, il suffit de dérouler le menu local de sa barre de titre (c'est-à-dire de cliquer sur le triangle à droite de cet intitulé) et de choisir Signets dans ce menu.

Comme dans le cas des chapitres, il suffit alors, pour gagner un endroit marqué par un signet, de cliquer deux fois sur la vignette correspondante de la palette.

Chapitre 30
Lecteur QuickTime

QuickTime est le lecteur multimédia de Mac OS X. Grâce à lui, vous pouvez écouter des fichiers audio et visionner des séquences vidéo dans de nombreux formats différents (notamment AAC, MP3, WAV dans le premier cas, 3GPP, Cinepak, DV, MPEG-4, Motion-JPEG dans le second).

ATTENTION Il existe deux versions de QuickTime : la version de base (celle intégrée à Mac OS X) et une version professionnelle, plus élaborée. Ne vous étonnez pas de voir dans les menus du programme la mention Pro précéder certaines commandes : elles sont propres à cette version avancée.

Ouvrir un fichier QuickTime

Commencez par lancer le programme. Vous le trouverez, bien entendu, dans le dossier Applications.

Le programme démarre et vous propose son écran d'accueil.

Invoquez alors sa commande Ouvrir un fichier du menu Fichier. À moins que vous ne préfériez double-cliquer sur l'icône du fichier vidéo à ouvrir. Dans ce cas, le programme démarre automatiquement.

Dans un cas comme dans l'autre, la première image de l'animation s'affiche dans la fenêtre.

Contrôler la lecture de la vidéo

Commencez par choisir une taille dans le haut du menu Présentation.

Ensuite, exploitez les commandes du bandeau placé dans la partie inférieure de la fenêtre et qui contrôle l'exécution du film.

- Le bouton **Début** affiche la première image de la vidéo.

- Le bouton **Retour rapide** revient rapidement en arrière, avec le son.

- Le bouton **Lecture** lance la lecture de la vidéo. Dès qu'elle est en cours, ce bouton Lecture se mute en bouton Pause, pour en suspendre l'exécution.

- Le bouton **Avance rapide** va rapidement en avant, avec le son.

- Le bouton **Fin** affiche la dernière image de la vidéo.

Par ailleurs, le curseur son permet de régler le volume. Quant à la barre de progression, elle affiche le déroulement de la vidéo. Faites glisser son curseur pour déplacer le point de lecture, sans le son cette fois.

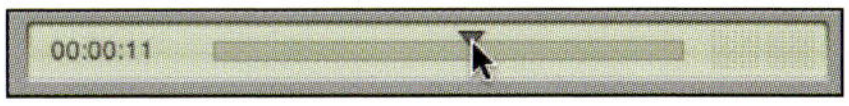

BON À SAVOIR Certains fichiers vidéo sont, comme les DVD, divisés en chapitres. Un chronomètre fait alors son apparition dans la barre de progression. Cliquez deux fois dessus pour afficher la liste des chapitres, puis sélectionnez-y celui auquel vous désirez accéder.

BON À SAVOIR En mode Plein écran, le bandeau de contrôle classique et les commandes de lecture s'affichent dans une palette légèrement différente.

Chapitre 31
Photo Booth

Utilitaire un tantinet gadget, cette version numérique du Photomaton vous permet de prendre des photos via la webcam iSight (externe sur certains modèles de Mac, intégrée sur d'autres) ou via n'importe quelle autre caméra vidéo numérique.

Prendre une photo

Lancez le programme depuis le dossier Applications.

Ensuite :

1.
Dans la barre d'icônes placée entre la fenêtre principale et le bandeau, cliquez sur le bouton Obturateur (le bouton central du bas de la fenêtre, identifié par un appareil photo).

2.
Parmi les trois icônes de gauche, assurez-vous que c'est bien la première, intitulée Prendre une image fixe, qui est active ; sinon, activez-la.

3.
Prenez la pose.

4.
Cliquez de nouveau sur le même bouton.
Il vire au rouge.

5.
Patientez quelques secondes.

Un compte à rebours de trois secondes s'affiche sous l'aperçu. Quand il atteint 0, Photo Booth prend la photo qui s'affiche alors dans la fenêtre principale ainsi que dans le bandeau inférieur.

ASTUCE Il est possible de prendre une série rapide de 4 photos. Pour ce faire, avant de cliquer sur le bouton rouge, validez, à gauche, l'icône Prendre quatre instantanés.

BON À SAVOIR Il est même possible de capturer une vidéo au lieu d'une photo. Dans ce cas, c'est le troisième bouton de la série, intitulé Filmer une séquence, qu'il convient d'utiliser. L'icône de l'appareil photo cède sa place à celle d'une caméra. Cliquez sur le bouton Arrêt pour mettre un terme à la prise de vue.

Pour supprimer un cliché raté, sélectionnez-le dans le bandeau, puis cliquez sur la croix qui s'affiche en bas à gauche de sa vignette, à moins que vous ne préfériez transiter par la commande Supprimer du menu Édition. La commande voisine, Supprimer toutes les photos, est plus radicale : elle efface le contenu intégral du bandeau.

Ajouter un effet

Photo Booth vous permet d'appliquer à vos clichés des effets visuels en tout genre.

1.
Sélectionnez la photo à traiter dans le bandeau du bas.

2.
Si le bouton Effets est disponible dans la barre d'icônes, activez-l'y. Sinon, choisissez Présentation/Afficher les effets.

La fenêtre présente alors sous forme de vignettes un aperçu de tous les effets, répartis en 4 pages.
Passez d'une page à l'autre grâce aux flèches gauche et droite placées de part et d'autre du bouton Effets ou via les commandes correspondantes du menu Présentation.

3.
Cliquez sur la vignette de l'effet à utiliser.

4.
Suivez les instructions qui s'affichent à l'écran (qui varient selon l'effet sélectionné).

Utiliser les clichés

Ce sont les icônes de la barre d'outils de Photo Booth qui vous permettent d'affecter une destination à vos clichés.

Sélectionnez la photo de votre choix, puis utilisez l'un ou l'autre de ces boutons :

- **Courrier électronique :** Pour, dans Mail, créer automatiquement un nouveau message avec le cliché correspondant.

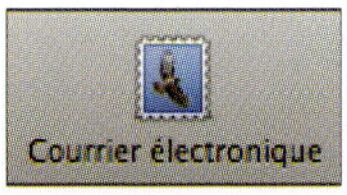

- **iPhoto :** Pour ajouter le cliché à la photothèque du programme iPhoto.

- **Image du compte :** Chaque utilisateur du Mac dispose, sous Mac OS X, d'un compte qui lui est propre appelé *compte utilisateur*. Ce compte est toujours illustré par une photo. Pour utiliser la photo sélectionnée pour illustrer votre compte utilisateur.

- **Image du contact :** Leopard est livré avec un logiciel de messagerie instantanée baptisé iChat. Chaque intervenant dans une conversation est identifié par une photo. Pour utiliser la photo sélectionnée comme icône de contact dans iChat.

Chapitre 32
TextEdit

TextEdit est le logiciel de traitement de texte basique fourni avec Leopard. Aussi discret que modeste, il propose toutefois des fonctionnalités largement suffisantes pour satisfaire un grand nombre de besoins.

Créer un document

Lancez TextEdit depuis le dossier Applications.

Le programme démarre au quart de tour et vous propose, dans son environnement minimaliste, une fenêtre provisoirement intitulée Sans titre.

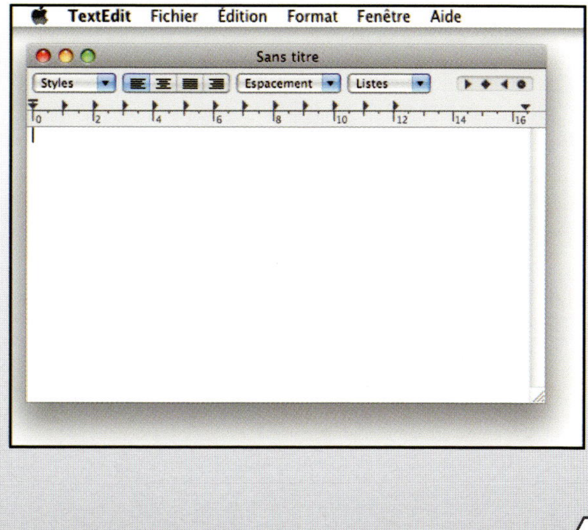

Ouvrir un document

De manière classique, il suffit d'invoquer la commande Ouvrir du programme ou de double-cliquer sur l'icône d'un de ses documents.

ATTENTION TextEdit est résolument universel puisqu'il permet d'ouvrir, de modifier et d'enregistrer des fichiers texte dans une foule de formats : texte brut, RTF (Rich Text Format), HTML (Web), Microsoft Word, etc.

Saisir le texte

1.

Cliquez pour sélectionner le point d'insertion à l'endroit où vous voulez que s'insère le texte que vous allez taper.

2.

Tapez en pratiquant ce qu'il est convenu d'appeler la *frappe au kilomètre*. Ça dit bien ce que ça veut dire : vous tapez jusqu'à plus soif.

ATTENTION N'enfoncez pas la touche Retour à la fin de chaque ligne comme les plus âgés d'entre vous ont peut-être appris à le faire sur une machine à écrire. Le programme est en effet équipé d'une fonction de retour à la ligne automatique qui s'en charge pour vous. N'utilisez cette touche que pour créer des paragraphes.

Mettre en forme

Une fois votre texte tapé, n'hésitez pas à exploiter les commandes de mise en forme. Commencez par celles traitant des caractères ; passez ensuite à celles réservées aux paragraphes.

BON À SAVOIR Dans tous les cas, le principe est le même : sélectionner avant de formater pour indiquer au programme à quelle portion du texte il doit appliquer la commande.

Les caractères

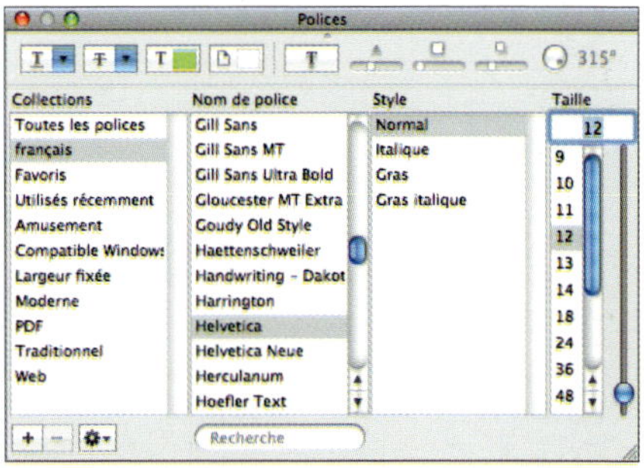

- **Pour changer la police :** Choisissez Format/Police/Afficher les polices, puis utilisez les deux listes déroulantes Collections et Nom de police de la fenêtre Polices pour désigner la police de caractères souhaitée.
- **Pour changer la taille :** Utilisez les trois outils de la section Taille de la même fenêtre : la case d'édition (entrez une valeur en points), la liste déroulante (sélectionnez-y une valeur) ou la glissière (faites coulisser pour définir une valeur).

- **Pour changer le style :** Ce sont les deux menus déroulants placés en haut à gauche de la fenêtre Polices qui regroupent les options disponibles. Pour un accès rapide aux fonctions de base, utilisez le menu local Styles de la barre d'outils.
- **Pour changer la couleur :** Invoquez le menu local Couleur de la fenêtre Polices.

Les paragraphes

- **Pour changer l'alignement :** Agissez via le sous-menu Format/Texte où les quatre commandes d'alignement trônent en tête de liste ou exploitez les icônes de la barre d'outils, plus immédiates.

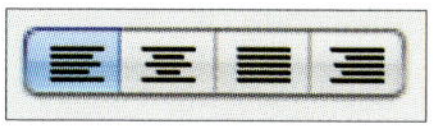

- **Pour changer l'espacement :** Optez pour un espacement simple ou double via le menu local Espacement de la barre d'outils.

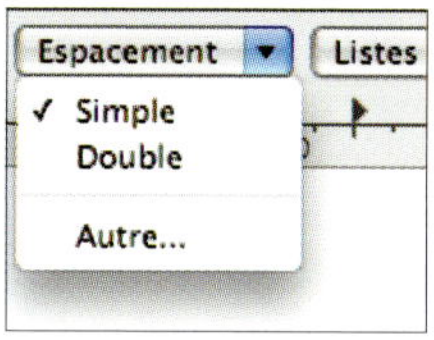

  Ou préférez la commande Format/Texte/Espacement qui ouvre la fenêtre suivante, accessible aussi via l'article Autre du menu Espacement de la barre d'outils.

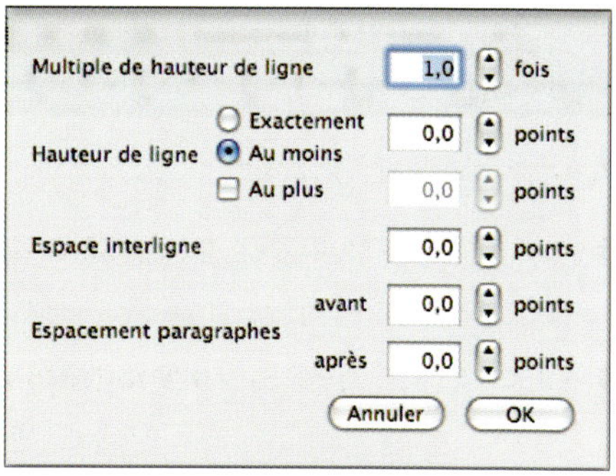

  Réglez l'espace entre les lignes d'un même paragraphe via l'option Espace interligne ; réglez celui qui doit précéder ou suivre le ou les paragraphes sélectionnés via les cases Avant et Après de la rubrique Espacement paragraphes.

- **Pour créer une liste :** Tapez les paragraphes destinés à faire partie de la liste, puis choisissez un symbole de liste dans le menu local de la barre d'outils.

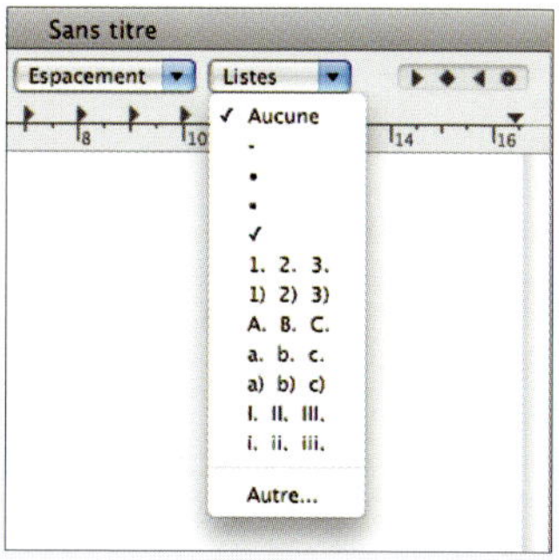

BON À SAVOIR Pour supprimer la présentation en forme de liste d'une série de paragraphes ainsi formatés, sélectionnez-les, puis validez la commande Aucune du même menu local.

Vérifier l'orthographe

Par défaut, TextEdit vérifie l'orthographe pendant la frappe. Si vous préférez qu'il n'en soit pas ainsi, désactivez la commande Vérifier l'orthographe lors de la frappe du sous-menu Orthographe et grammaire du menu Édition.

Le programme, en fait, est équipé de deux vérificateurs : le premier, orthographique, vérifie l'orthographe ; le second, grammatical, vérifie la syntaxe. Pour les activer tous les deux, utilisez la commande Vérifier la grammaire et l'orthographe dans le même sous-menu.

Pendant la frappe

Par défaut, TextEdit vérifie l'orthographe pendant la frappe et souligne en rouge les termes qu'il considère comme erronés. Opérez alors un Ctrl + clic sur le terme litigieux pour dérouler le menu contextuel.

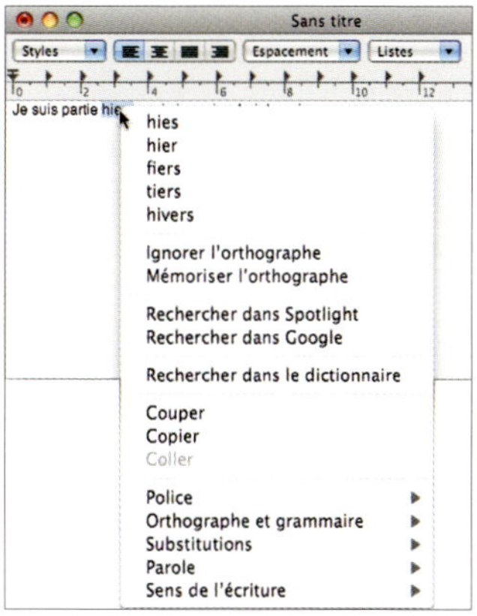

À ce stade, vous pouvez :

- Sélectionner une des **suggestions** dans la partie supérieure du menu.
- Sélectionner **Ignorer l'orthographe** pour qu'il ne tienne pas compte de ce mot qu'il ne connaît pas.
- Sélectionner **Mémoriser l'orthographe** pour ajouter au dictionnaire de TextEdit un mot qu'il ne connaît pas.

Après la frappe

Pensez, avant d'imprimer, à soumettre vos textes à l'examen du vérificateur orthographique si vous avez désactivé la vérification automatique.

1.

Cliquez au début du document.

2.

Choisissez Édition/Orthographe et grammaire/Afficher l'orthographe et la grammaire ou enfoncez les touches ⌘ + : (deux-points).

La fenêtre Orthographe et grammaire s'ouvre et la vérification commence. Le premier terme qui pose problème s'affiche dans la case du haut de la fenêtre).

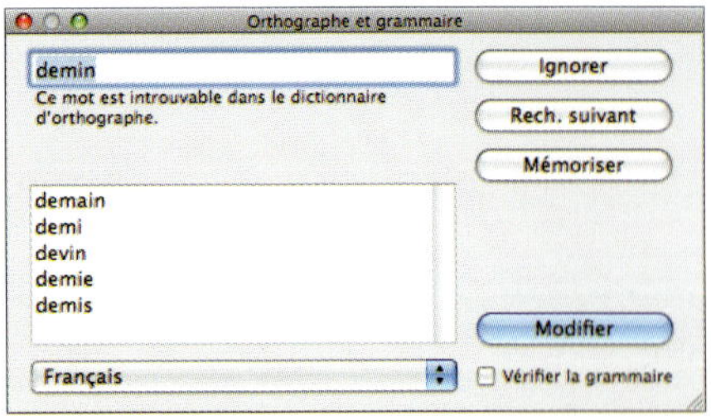

ASTUCE L'option Vérifier la grammaire ajoute l'action du vérificateur syntaxique à celle du vérificateur orthographique.

3.

Réagissez :

- **Pour remplacer le mot incriminé par une suggestion :** Sélectionnez une suggestion dans la liste, puis cliquez sur Modifier.
- **Pour corriger vous-même l'erreur :** Tapez la correction dans la case du haut, puis cliquez sur Modifier.
- **Pour laisser le mot tel quel :** Cliquez sur Ignorer.

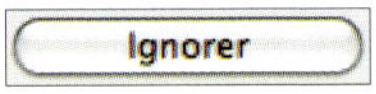

- **Pour passer directement au mot suivant :** Cliquez sur Rech. suivant.
- **Pour ajouter le mot au dictionnaire interne de TextEdit :** Cliquez sur Mémoriser.

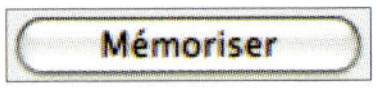

4.

Répétez l'opération autant de fois que nécessaire.

5.

Fermez la fenêtre quand vous avez terminé.

Index

C

D

E

L

M

T

U

W

Y

Z